GLORIA FURMAN
CON JESSE SCHEUMANN

DAR *a* LUZ *con* ESPERANZA

MEDITACIONES DEL EVANGELIO SOBRE EL EMBARAZO, EL PARTO Y LA MATERNIDAD

"El tiempo de embarazo y maternidad trae consigo muchos cambios y emociones. Agradecemos a Dios que le haya dado a Gloria Furman la capacidad de escribir este libro de meditaciones. En una forma sencilla, pero no simplista, Gloria nos ayuda a encarar el momento del parto, tan temido para muchas, a la luz del evangelio. Esta obra es una teología del dolor de parto, centrada completamente en Dios, que te llenará de esperanza. ¡Lo recomiendo de todo corazón!"

Gloria de Michelén, esposa del pastor Sugel Michelén por más de 30 años, ha enseñado a mujeres en su iglesia local *Iglesia Biblica del Señor Jesucristo*

"Leer a Gloria Furman acerca de la maternidad siempre trae esperanza. Esperanza en que todo lo que hacemos en esta tierra tiene peso en la Eternidad. Este bello libro nos hace atesorar la maternidad desde la concepción, porque nos muestra cómo a los ojos de Dios, todo proceso nos lleva a adorar a Cristo Jesús".

Karla de Fernandez, Coordinadora de Iniciativas para Mujeres en *Soldados de Jesucristo* y es autora del libro Hogar Bajo su gracia

"El dolor que trae el parto, la maternidad, la crianza, el sufrimiento por enfermedad de un hijo o desobediencia tiene su conexión con el pecado original. Gloria Forman nos lleva a través de este hermoso devocional, *"Dar a luz con esperanza"* a la hermosura del evangelio sustentado por la Biblia y llevándonos a la gran verdad de que Cristo es nuestra única esperanza. Amada hermana, esta hermosura de libro, te llevará a ver y entender bíblicamente el dolor, los aspectos de ser madre, abuela y lo más importante de todo, la obra redentora de Cristo en nuestras vidas. Ha sido una bendición leerlo, viviendo esta etapa maravillosa de ser abuela".

Liliana LLambés, Misionera de IMB, conferencista, escritora y autora de 7 *Disciplinas Espirituales para la Mujer*

"Los hijos son una gran bendición y también fuente de mucha ansiedad. *Dar a Luz con Esperanza*, nos lleva a todas las mujeres, mas allá del embarazo, los dolores de parto y la maternidad a ver algo más profundo, más hermoso y real que nos llena de esperanza. Nos apunta a Cristo. Nuestro mayor anhelo es ver a Cristo formado en nuestros hijos y esta es una labor de toda la vida, Gloria Furman y Jesse Scheumann nos llevan en cada meditación al evangelio y la adoración a Cristo. En cualquier etapa en que te encuentres, estas cortas meditaciones te mostraran a un Dios poderoso y a Cristo quien sufrió para llevar muchos hijos a la gloria, quien es el único que puede llevarnos a nosotras y a nuestros hijos a Su gloria".

Patricia de Saladin, Radio Host en *Aviva Nuestros Corazones* y lidera el Ministerio de Mujeres en la *Iglesia Biblica del Señor Jesucristo*

"El pecado ha empañado nuestra visión de la maternidad. En este libro, Gloria Furman nos invita a mirar a través de un telescopio evangélico que nos ayuda a enfocar nuestra perspectiva borrosa, dolorosa y mundana del embarazo en una realidad nítida, eterna y gloriosa".

Betsy Gómez, bloguera de *Aviva Nuestros Corazones* y coautora del libro *Una Vida Al Revés*

"De forma desarmante, Gloria Furman conecta lo más concreto de nuestras vidas con la gloriosa verdad del evangelio. En este libro, lo logra nuevamente al exponer las verdades del embarazo y del parto a través de las Escrituras. En este libro haremos bien al reflexionar sobre estos temas que Dios no deja de recordarnos de todas las formas, tanto dolorosas como maravillosas".

Kathleen Nielson, conferencista y autora del libro *Mujeres y Dios: Preguntas Difíciles. Hermosa Verdad*

"Gloria Furman ha escrito devocionales que transforman la manera en que vemos el embarazo, desde la concepción hasta el nacimiento, y más allá. Dar a luz con esperanza magnifica la gloria de Cristo y todo lo que ha hecho y nos ayuda a fijar la mirada en Aquel que da la vida eterna".

Trillia Newbell, autora de *La Gran Idea de Dios: La Verdadera Historia de la Maravillosa y Colorida Familia de Dios*

"Cuando Gloria Furman habla de la maternidad, siempre la escucho. En *Dar a luz con esperanza*, Furman nos muestra cómo "cada aspecto del parto alimenta nuestra adoración a Jesús", desgranando maravillosamente esa afirmación mientras nos lleva en un viaje por las Escrituras, demostrando cómo la metáfora del dolor del parto ilustra la obra de Dios en nosotros. Cada capítulo de este significativo devocional explora un aspecto diferente de este misterio, llevando al lector a una comprensión más completa de nuestra esperanza en Cristo y del Dios que trabaja sobre nosotros".

Vaneetha Rendall Risner, autora de *The Scars That Have Shaped Me: How God Meets Us in Suffering*

"Cada parte de la vida pertenece a Dios, incluso aquellas en las que tratamos de combatir el interminable ardor de estómago, la lucha por ocupar algún puesto laboral, o el trabajo de parto para dar a luz a la tan esperada nueva adición al mundo de Dios. Mi querida amiga (y madre de cuatro hijos) Gloria Furman ha elaborado hermosas meditaciones para que reflexiones durante tu embarazo al preguntarte: "¿Por qué es así? Querida hermana, este libro te ayudará a entender lo que está pasando y te dará esperanza para futuros días de alegría en la buena providencia de Dios. Lo recomiendo de corazón".

Elyse Fitzpatrick, coautora *Idolos del corazón: aprendiendo a anhelar a Dios* y coeditora de *Mujeres aconsejando a mujeres*

"En marcado contraste con muchos de los libros sobre el parto que se encuentran en las estanterías hoy en día, *Dar a luz con esperanza* ofrece una liberación evangélica de las cargas y la culpa que a menudo rodean el parto. Con devocionales cortos y fáciles de leer, Gloria Furman desentraña las realidades espirituales del parto, ofreciendo esperanza y alegría a las mujeres que toman este libro".

Laura Wifler, cofundadora de *Risen Motherhood*

"Ya que la vida de todo ser viviente está en sus manos,
así como el aliento de todo ser humano".
Job 12:10

A Kim B. y Kris L., mis héroes cuya labor con la esperanza en
el desierto está produciendo frutos más allá de lo que podrían
pedir o imaginar.
— G. F.

A mi madre, Joyce, que probó la maldición para que yo pudiera ver la vida. A mi esposa, Merissa, que soportó la carga de la
maternidad para que yo pudiera sostener a nuestros preciosos
bebés. A mis hijos-Rebekah, Peter y Abigail: para que conoz-
can y abracen los sufrimientos de Cristo al nacer de nuevo.
— J. S.

CONTENIDO

AGRADECIMIENTOS

Muchas personas me apoyaron durante la labor de publicar este libro. Desde las primeras etapas hasta el final, mi marido Dave me animó mucho. Al escribir mi nota de autora, *Dar a luz con esperanza* no habría sido ni podría haber sido escrito sin la experiencia de Jesse Scheumann y su esposa, Merissa. Estoy profundamente agradecida, como siempre, con el equipo de *Crossway* por apoyar este proyecto y por sus incansables esfuerzos por difundir el evangelio a todas las naciones. Varios amigos en particular aportaron el combustible de entusiasmo y la oración durante estos años: Katie Jennings, Kathleen Nielson, Bev Berrus, Caroline Cobb, Victoria Wilson y Shelley Reinhart. Estoy agradecida por el constante estímulo y la cuidadosa orientación de Andrew Wolgemuth. — *Gloria Furman*

Me gustaría dar las gracias a todo el profesorado del *Bethlehem College and Seminary* que me preparó para leer la Biblia con más atención y responsabilidad. Agradezco especialmente a Jason DeRouchie, el supervisor de mi tesis sobre el dolor de parto. Su humildad, rigor y pasión piadosa han dejado una huella indeleble. Doy las gracias a mi coautora, Gloria Furman, por escribir estas verdades teológicas para un público al que nunca habría podido llegar por mi cuenta. Por último, gracias a *Crossway* por abordar un tema inexplorado con una coautoría poco convencional. En todo, Dios es preeminente. — *Jesse Scheumann*

NOTA DEL AUTOR

En varios sentidos, los libros son como los bebés.

Los escritores suelen comentar que el trabajo de escribir un libro conlleva una anticipación y un trabajo de parto similar al que acompaña al embarazo y al nacimiento.

Siguiendo esta metáfora, conviene que nos preguntemos cómo nace un libro: existe la concepción de una idea para un libro y se hace la prueba para confirmar si una editorial lo va a publicar o no. El escritor debe esperar un tiempo hasta que finalmente aparezca una línea en la bandeja de entrada–positiva o negativa–para anunciar si hay o no un libro por nacer.

Así comienza la verdadera diversión (y las náuseas periódicas). Los escritores se afanan en sus esquemas, capítulos, frases, palabras y signos de puntuación. Finalmente, el escritor llega al final de este periodo de gestación literaria y pasa a la fase en la que ya no está seguro de querer escribir un libro. Entra en escena el agente literario que lo anima a escribir y le recuerda que la incomodidad vale la pena. A veces el libro nace pronto, para sorpresa del editor, y otras veces hay que inducirlo. En cualquier caso, en algún momento un equipo editorial experto recibe su libro, lo limpia un poco, lo envuelve y se lo devuelve. Mientras tanto, el equipo de marketing escribe afanosamente los anuncios de nacimiento del libro, y todos elevan oraciones de agradecimiento y piden al Señor que haga de este libro una bendición para todos los que lo lean.

Entonces, ¿cómo nació *Dar a luz con esperanza*? Había estado leyendo sobre la metáfora del dolor de parto en las Escrituras y jugando con la idea de hacer mi doctorado sobre ella para tener una excusa para investigarla aún más. Fue así como en el 2014, escribí un corto blog mencionando algunos de los pasajes que había anotado en las Escrituras. Unos días después recibí un correo electrónico de alguien que había leído mi blog sobre el dolor de parto ya que un amigo suyo se lo había enviado. Jesse Scheumann dijo que acababa de defender su tesis de maestría sobre el tema en cuestión titulada "Una teología bíblica del dolor de parto" y me preguntó si me gustaría leer una copia de la misma.

Bueno, cualquier cosa que tenga el nombre de "una teología bíblica de" ya suena interesante y, ¿de este tema en particular? Sí, señor. Por supuesto que me gustaría leer su tesis.

Jesse me envió su tesis junto con la motivación de considerar el uso de su trabajo académico para ayudarme a escribir un libro de alcance popular sobre una teología bíblica del dolor de parto. Me tomé en serio esta idea de escribir un libro porque me encanta la esperanza evangélica de este tema y creo que es un gran combustible para la adoración. También tiene un tremendo potencial evangelístico para nuestras conversaciones cotidianas sobre Jesús y lo que ha hecho.

Pensé en este tema de forma intermitente durante mucho tiempo y aunque no terminé por iniciar el doctorado, la idea del libro nunca desapareció. A lo largo de este viaje, Jesse me ha permitido generosamente utilizar su exhaustivo trabajo académico y me ha ayudado enormemente en la fase de arquitectura de los esquemas de los capítulos. Ha pasado horas editando lo que he escrito.

Y ahora, ha nacido un libro. En la propuesta original escribí que creía que podría entregar el manuscrito a la editorial en nueve meses, sólo para hacer un juego de palabras. Sin embargo, al igual que algunos bebés, este fue un trabajo tan grande de escribir que fue necesario inducirlo en el último mes.

El hecho de que la Biblia ofrezca un significado y una esperanza en nuestro parto y trabajo de parto no significa que cualquier preferencia para el parto sea correcta o incorrecta. Tampoco nuestra esperanza en Cristo significa que debamos descartar el don de la atención médica moderna. Por favor, lee este libro para su propósito–como un devocional–y consulta regularmente a tu médico si tienes preguntas sobre la atención del embarazo y el parto.

Me complace ofrecerte *Dur a luz con esperanza: Meditaciones del evangelio sobre el embarazo, el parto y la maternidad,* y oro que Dios lo utilice para señalarte a su Hijo, por quien son todas las cosas y por quien existimos.

INTRODUCCIÓN

Incluso las parteras estaban encantadas. No es frecuente que presencien un parto en el que el bebé empiece a llorar antes de que nazca por completo. Como doula de parto voluntaria, esta situación en particular era nueva para mí. El llanto del recién nacido era música para los oídos de su madre mientras esperaba la siguiente contracción para ayudar a extraer los hombros del bebé y el resto de su cuerpo. El trabajo de parto había sido difícil, y los llantos del bebé le dieron a la madre la concentración y la esperanza necesaria para pujar con todas las fuerzas que tenía. Llegó el gran momento, y mientras los brazos se extendían para tomar al bebé y los gemidos de la madre se convertían en risas, nació un niño. ¡Alabado sea Dios por sostener la vida y dar una nueva vida!

Al conversar sobre el trabajo que tenían por delante con la mujer que estaba por dar a luz al final del pasillo, las parteras empezaron a ordenar la sala de partos. El tráfico zumbaba y las luces parpadeaban a través de las cortinas desde la concurrida autopista que había fuera. Mientras tanto, la madre y el padre estaban asombrados dando las gracias al Señor y contemplando los ojos de su hija. Mientras amamantaba a su hija de pocos minutos, mi amiga se maravillaba de los suaves cuidados de Dios: "Tendrás la gracia que necesitas cuando la necesites". Amén, hermana. A las dos de la madrugada, volví a casa en taxi sin problemas y me metí en la cama. Cuando me desperté, mis ojos estaban llenos de una pequeña fracción de la fatiga que debía sentir la familia.

El parto nunca pasa de moda. Así sea yo quien esté dando a luz o sea la doula junto a una madre dando a luz, siempre lloro. El parto es al mismo tiempo una prueba dolorosa y una alegría inigualable; una muestra de debilidad y una proeza de fuerza; una sombra y una realidad. Quienes no han dado a luz incluso pueden alabar a Dios por el hecho de que nuestras propias madres probaron la muerte para darnos la vida. En efecto, Dios nos ha mostrado una gran misericordia.

Es posible que en este momento te estés haciendo una serie de preguntas sobre lo trivial y lo preocupante así como sobre lo temporal y lo eterno: ¿Es normal sentirse así? ¿Por qué el embarazo y el parto son como son? ¿Por qué todo es tan profundo? ¿Tan común? ¿Tan esquivo? ¿Tan agotador y aterrador? ¿Tan emocionante y esperanzador? ¿Qué nombre le pondremos al bebé? ¿Cómo pueden dos pequeñas líneas en una prueba de embarazo evocar nuestras emociones de la manera en que lo hacen?

Al igual que todo lo demás en la vida, queremos que nuestra consideración del embarazo y el parto sea coherente con la realidad. A veces, la forma en que pensamos y sentimos sobre el embarazo y el parto es más bien un reflejo de nuestras ideas erróneas, valores culturales, preferencias personales o incluso mentiras manifiestas procedentes del infierno. Pero nadie quiere formar opiniones o tomar decisiones basadas en información falsa. Deseamos vivir a la luz de la verdad.

Nuestras librerías, los foros de Internet y los dichos coloquiales están repletos de consejos y conocimientos para las madres sobre el embarazo y el parto. En la medida en que correspondan con la realidad, pueden ser útiles. Al fin y al cabo, ¿a quién no le gusta ver una ilustración de lo grande que es el bebé en el útero en comparación con una berenjena? Encontrar consejos prácticos es como recoger conchas marinas en una playa, pero las joyas de sabiduría que necesitamos para nuestro bienestar espiritual sólo pueden extraerse de la Palabra de Dios.

Hace dos mil años, Cristo, un hombre que nació de una virgen (pero que es el Hijo increado de Dios), habló de sí mismo con estas palabras: "Yo soy el camino, la verdad y la vida" (Juan 14:6). ¿Qué tiene que ver este hombre con nuestra forma de pensar sobre el embarazo y el parto?

En *Dar a luz con esperanza*, veremos cómo Cristo tiene que ver con todo, incluso con nuestra alimentación espiritual en el embarazo y el parto. Caminaremos juntos y examinaremos los tesoros que encontramos en la Palabra de Dios con respecto a muchos temas relacionados: embarazo, infertilidad, aborto espontáneo, dolor de parto, nueva vida física y cómo estas experiencias comunes nos señalan las realidades eternas.

A veces nuestro ritmo será rápido, pero en algunos temas nos tomaremos nuestro tiempo para que puedas recuperar un poco el aliento (¡después de todo, el embarazo puede dejarte sin aliento!). Iremos de un lado a otro de la historia bíblica, meditando sobre el concepto de dar a luz con esperanza. La adoración fue mi objetivo al escribir este devocional, y sigue siendo mi esperanza y mi oración para las lectoras. "Engrandeced al Señor conmigo, y exaltemos a una su nombre"(Salmo 34:3). Maravillémonos juntos ante el Dios que creó la vida y nos concede una vida nueva en su Hijo.

1

A IMAGEN DE DIOS LOS CREÓ

"Y dijo Dios: Hagamos al hombre a nuestra imagen, conforme a nuestra semejanza; y ejerza dominio sobre los peces del mar, sobre las aves del cielo, sobre los ganados, sobre toda la tierra, y sobre todo reptil que se arrastra sobre la tierra. Dios creó al hombre a imagen suya, a imagen de Dios lo creó; varón y hembra los creó".
Génesis 1:26-27

"Era una noche oscura y tormentosa. Entonces, tu madre anunció: ¡Ya viene el bebé!". Y así comienza la historia de mi propio parto, en el que mis padres tuvieron que cruzar un puente para llegar al hospital mientras se avecinaba una tormenta de nieve (lo logramos).

Tu historia de nacimiento es sin duda diferente a la mía. Al fin y al cabo, el resultado final de la historia del nacimiento eres tú: un ser humano único. Sin embargo, hay una historia de nacimiento que todos compartimos. Es la historia del nacimiento de la humanidad. Comienza así:

Hace tiempo, antes de que existiera el tiempo, existía Dios.

Independiente de todo y de todos, Dios existe. En perfecta santidad, diversidad y amor, el Dios trino vive para siempre.

Y entonces, en el principio, Dios creó todo lo que se puede ver y todo lo que no se puede ver... de la nada. Leemos la historia de la creación en el Génesis 1. Dios habló de la existencia de las cosas: "Hágase..." Hizo la tierra, el espacio, el tiempo, la luz, la tierra y las plantas. Y luego lo llenó todo: el sol, la luna, las estrellas, las criaturas marinas y voladoras y los animales terrestres. Todo era bueno.

Entonces el Creador hizo algo diferente. Con íntimo cuidado y atención, "formó al hombre del polvo de la tierra y sopló en su nariz aliento de vida, y el hombre se convirtió en una criatura viviente" (Gn. 2:7) aunque entre todo lo que Dios había hecho, no se encontró una ayuda adecuada para el hombre. "Entonces el Señor Dios hizo caer un sueño profundo sobre el hombre, y este se durmió; y Dios tomó una de sus costillas, y cerró la carne en ese lugar. Y de la costilla que el Señor Dios había tomado del hombre, formó una mujer y la trajo al hombre" (Génesis 2:21-22). Cuando el hombre se despertó y la vio, compuso un cántico:

> Esta es ahora hueso de mis huesos
> y carne de mi carne;
> ella será llamada mujer,
> porque del hombre fue tomada. (Gen. 2:23)

Allí estaban–dos imágenes complementarias de igual dignidad y valor–, diseñadas de forma distinta para encajar en la unidad con un propósito procreador (Mal. 2:15). Dios vio todo lo que había hecho, y era muy bueno. De fuera a dentro, Dios creó y llenó el cosmos, y el epítome de su obra creativa fueron sus portadores de imagen: el hombre y la mujer.

UN PENSAMIENTO MARAVILLOSO

Tanto si eres madre primeriza como una madre de doce, es sorprendente que Dios haga crecer en tu vientre a otro (¡o más!) a los portadores de su imagen. Aunque el niño esté compuesto por tu ADN y se parezca a ti, es ante todo un portador de la imagen del Dios trino al igual que tú.

Haz una pausa durante un minuto para notar los arcos que se arremolinan en tus dedos. Sé consciente de que tus pulmones se llenan de aire, de que tu corazón bombea sangre por tus vasos sanguíneos y de que tu cerebro controla las funciones de tu cuerpo (incluso mientras duermes). Tu vida no es un accidente. Alguien la mantiene unida a propósito (Col. 1:17). Tanto tú como tu hijo no nacido pertenecen al Señor, son su imagen y existen para su gloria. Como imagen de Dios, tenemos el privilegio y la responsabilidad de representarlo ante el cosmos que nos observa en todas las funciones que ha diseñado para nosotros.

Sé que todo esto puede ser difícil de entender un jueves por la tarde. Tienes una docena de cosas en la cabeza ahora mismo y además, Dios es infinito y sus caminos están por encima de los nuestros. ¿Cómo pueden los humanos pensar en esas cosas? Al fin y al cabo, no somos más que criaturas físicas que se limitan a la tierra en nuestra limitada comprensión, pero ¿eso es todo lo que somos?

¿Será que el Creador de todas las cosas tenía algo maravilloso en mente cuando hizo al hombre y a la mujer? ¿Algo que nos muestre lo glorioso que es? Dios podría haber encargado a los serafines de seis alas que lo representara ante el cosmos que le observa y sin embargo, formó un hombre del polvo y una mujer de la costilla del hombre. Nuestros pulmones de mamíferos podrían haberse llenado simplemente de oxígeno como los del reino animal, pero el Señor eligió insuflar en el hombre su aliento de vida. Aquí ocurre algo profundo, algo que va más allá de lo que podemos ver con las retinas y las córneas de nuestros ojos. Haríamos bien en tomarnos más tiempo para pensar en estas cosas, siguiendo el polvo de los rayos del sol hasta el sol.

LA VERDAD QUE SE PUEDE COMER

¿A qué otro lugar podemos acudir para aprender sobre aquel para el que fuimos creados sino a la propia Palabra de Dios? A través del don de la medicina de Dios, tenemos a nuestra disposición un mundo de conocimientos sobre la fertilidad, el embarazo y el parto para ayudarnos a nutrir tanto nuestros propios cuerpos como los que florecen dentro de nuestros vientres. No obstante, cuando buscamos alimento espiritual, tenemos que buscar en la Biblia.

Y ahí es donde seguiremos mirando. La Biblia es un buffet con abundante comida para el alma para las que comen por dos. Como el Señor quiere, utilizaré las páginas que siguen para explicar cómo toda la experiencia humana del parto es una señal de alegría abrumadora y de realidades que perdurarán para siempre.

2

SEAN FRUCTÍFEROS Y MULTIPLÍQUENSE

"Y los bendijo Dios y les dijo: Sean fecundos y multiplíquense, llenen la tierra y sométanla. Ejerzan dominio sobre los peces del mar, sobre las aves del cielo y sobre todo ser viviente que se mueve sobre la tierra". **Génesis 1:28**

"¿No sería encantador tener pequeñas versiones de ti y de mí corriendo por ahí? Me encantaría tener una familia. Y tú crees que sabes de qué estás hablando... ¡no tienes ni idea!". El cómico británico Michael McIntyre reprendió a los aspirantes a padres durante un espectáculo. A continuación, describió las complicaciones añadidas de la vida mundana con hijos. A través de un humor divertido, señaló que la eficiencia y la comodidad no acompañan a la tarea de formar una familia.[1]

Tal vez, en cierto grado, tenga razón. Cuando se trata de entender el propósito de tener hijos, creemos saber de qué estamos hablando. Por muy seguros que estemos de nuestra comprensión, tenemos que hacernos esta pregunta: ¿De dónde vienen nuestras ideas sobre tener hijos? Probablemente obtendríamos respuestas diferentes según los valores culturales, la época o la experiencia personal.

---

1 Michael McIntyre, *Christmas Comedy Roadshow*, "People with/without Kids", 2011, http://www.michaelmcintyre.co.uk/clips/. (Nota: En este clip se utilizan dos instancias de lenguaje leve).

PEQUEÑAS VERSIONES DE TI Y DE MÍ CORRIENDO POR AHÍ

Como vivo en una ciudad global y diversa, puedo ver a muchos grupos de personas distintas vivir sus creencias con respecto al propósito de tener hijos. Algunas personas aspiran a tener tantos hijos como sea biológicamente posible, tal vez con el objetivo de dar a luz a más niños que niñas. Algunas personas abrazan el concepto de adopción transracial y han hecho crecer su familia de esta manera. Algunas personas se abstienen conscientemente de tener hijos por razones económicas. Algunas personas tienen más hijos precisamente por razones económicas. Las perspectivas sobre la fertilidad son tan diversas como las personas que las sostienen. ¿Cuál es el objetivo de tener pequeñas versiones de ti y de mí corriendo por ahí? ¿Tenemos alguna idea?

En la Biblia, los niños se consideran una bendición debido al mandato de Dios de "fructificar, multiplicarse y llenar la tierra", conocido como el "mandato de la creación". En la práctica, más niños significa más portadores de la imagen de Dios, y más portadores de la imagen de Dios significa que la tierra se llenará de la gloria de Dios. Tener hijos era necesario para llenar la tierra de pequeños portadores de imágenes. Al escuchar este pasaje de la Escritura, los lectores cuidadosos de la Biblia sabrán que así era en el Antiguo Testamento. Los exégetas cuidadosos de las culturas modernas recordarán la nomenclatura desdeñosa que reduce a las mujeres a "fábricas de bebés" y prácticas controvertidas como la maternidad subrogada y el aborto. Es cierto que en los tiempos del Antiguo Testamento para expandirse y llenar la tierra con la gloria de Dios, el pueblo de Dios se centró en la fertilidad biológica. Pero, ¿y ahora? Vivimos entre dos épocas: la que pasó y la que viene. ¿Cómo pensamos en el propósito de tener hijos ahora? ¿Debemos descartar la enseñanza bíblica en este momento? Por supuesto que no. Afortunadamente, la Biblia es un solo libro, total e internamente consistente, y aplicable para todos los tiempos.

El profeta del Antiguo Testamento, Isaías, nos muestra cómo Dios acabará llenando la tierra de su gloria. La profecía de Isaías se refería a un Rey eterno que, a través de sus sufrimientos, daría lugar a una nueva humanidad. De acuerdo con la voluntad de Dios, este Siervo sería cortado de esta vida, aplastado y sometido a dolor, pero de alguna manera no sólo tendría descendencia sino que la vería en su prolongada y próspera vida.

Pero quiso el Señor quebrantarlo, sometiéndolo a padecimiento.
Cuando Él se entregue a sí mismo como ofrenda de expiación,
verá a su descendencia,
prolongará sus días,
y la voluntad del Señor en su mano prosperará. (Isa- 53:10)

Esto no es humanamente posible. Humanamente hablando, los hombres que mueren no dan a luz activamente, no ven a su descendencia y tampoco vuelven a la vida. Simplemente no sucede. A pesar de esto, Isaías no está describiendo a cualquier hombre.

¿Cómo es que este Siervo Sufriente tiene descendencia? ¿Por qué?

DEL MANDATO DE LA CREACIÓN A LA NUEVA CREACIÓN

Hay un hombre que por la voluntad de Dios fue aplastado para expiar el pecado de su descendencia. Este Hombre es Jesús y ve a su descendencia todos los días. Está con ellos, de hecho, hasta el fin de los tiempos, momento en el que volverá a morar con ellos y verán su rostro. No, Jesús no tuvo hijos biológicos, pero ahora, a través de su Espíritu, sus hijos espirituales están iluminando cada rincón oscuro del planeta. Convertidos en su gloriosa semejanza, hombres, mujeres y niños a los que se les ha dado un nuevo corazón están llenando la tierra y haciendo cada vez más y más discípulos del Siervo que sufrió por ellos. Llamémosle "fecundidad espiritual", un tipo de procreación que puede dar vueltas alrededor de nuestros relojes biológicos que caducan.

Formar una familia, construir un legado, llevar el nombre de la familia... ¿Tenemos alguna idea de lo que estamos hablando? Todas estas cosas tan buenas–familias, legados, nombres–son meras sombras y señales que insinúan algo mucho más grande que lo que podemos ver con nuestros ojos y medir con un recuento en la reunión familiar. Puede ser que te encuentres entre los que no pueden participar físicamente en la procreación biológica. Anímate, porque lo que voy a decir no es un insignificante "premio de consolación" para ti. La gran idea de Dios sobre la forma en que su gloria llenará la tierra es para que todos nosotros la disfrutemos: "hacer bebés que hagan más bebés" nos apunta al discipulado. La descendencia del *Siervo Sufriente*–pequeñas versiones de Jesús que corren por ahí–

transmiten el evangelio a quienes lo transmitirán. Nuestra fertilidad biológica y espiritual es facilitada por Dios para la gloria de Dios (no la nuestra). Por el poder del Espíritu, la nueva humanidad en Cristo llenará la nueva creación de Dios para alabanza de su gloriosa gracia y será profundamente más que hermosa.

3

LA SIMIENTE PROMETIDA DE LA MUJER

"Pondré enemistad entre tú y la mujer, y entre tu simiente y su simiente; Él te herirá en la cabeza, y tú lo herirás en el talón".
Génesis 3:15

¿Puedes imaginar la vida como era antes de que el pecado entrara en el mundo? Tal vez puedas y eso sea lo que te intrigue (y tal vez te moleste).

Toda la creación abundaba de vida. Las palmeras levantaban sus hojas en lo alto y la curiosa chinchilla correteaba entre las rocas de las montañas. El pez vagaba por las profundidades del mar con una linterna de bienvenida y los cangrejos violinistas se sacudían sus pinzas en la playa. Los albatros errantes planeaban en lo alto, dondequiera que los llevara el viento y la frágil paloma aún no se decía que fuera una paloma "de luto". Todo era bueno en la creación de Dios.

Y entonces, Dios hizo algo–dos personas–que dijo eran muy buenas. Adán y Eva no sabían lo que se sentía al tener esa persistente sospecha de que el otro estaba molesto con ellos. No se les ocurrió hacerse ninguna pregunta angustiosa de "qué vamos a comer, qué vamos a beber, qué vamos a vestir". Dios les había concedido el apreciado privilegio de gobernar y someter a su creación junto con la capacidad de hacerlo sólo para su gloria. El hombre y la mujer fueron, después de todo, creados a imagen y semejanza de Dios. Eran libres para amar a Dios con todo su corazón, alma, mente y fuerza.

Dios habla y la humanidad vive. Esa es la realidad. Adán y Eva debían vivir de toda palabra que saliera de la boca de Dios y podían comer de todos los árboles del jardín excepto de uno: el árbol del conocimiento del bien y del mal. Ninguna distancia los separaba de Dios. Ningún sentimiento de amargura les movía a dar a Dios un trato silencioso. Ninguna ira estaba en sus corazones porque no había nada que temer. Ningún recuerdo vergonzoso se colaba en sus mentes para dudar de la dignidad que Dios les había dado. Ninguna conciencia culpable bloqueó sus pies para impedirles caminar con Él cada día.

EL FIN DEL PRINCIPIO

No obstante, todo esto cambió. Adán permitió que el enemigo de Dios (encarnado en una astuta serpiente) le insinuara dudas a su esposa, dudas sobre quién es Dios y cómo es su corazón. Adán permitió que este engañador se quedara en el perfecto jardín de Dios, en donde no habitaba ninguna cosa impura.

> ¿Conque Dios les ha dicho: "No comerán de ningún árbol del huerto?" (Génesis 3:1)

> "Ciertamente no morirán. Pues Dios sabe que el día que de él coman, se les abriran los ojos y ustedes serán como Dios, conociendo el bien y el mal" (Génesis 3:4-5)

La duda de todas las dudas es la siguiente: quizás haya una palabra mejor que la de Dios. ¿No es irónico? ¿Desobedecer a Dios para conocer el bien y el mal? Los portadores de la imagen de Dios no creyeron en Él y en su lugar, creyeron en su enemigo. Al rechazar la Palabra de Dios, eligieron vivir no según las Palabras de Dios, sino según las de su enemigo. Comieron el fruto que Dios les prohibió comer y como resultado, cayeron en el pecado llevándose a todos sus hijos con ellos. La fractura del cosmos en la línea de falla del pecado humano no puede describirse con demasiada fuerza. Los portadores de la imagen de Dios, sus portadores, cometieron una traición universal. En lugar de discernir que la vil serpiente debía ser juzgada por entrar en el lugar santo de Dios, Adán desertó voluntariamente al otro lado. Dejó de lado la autoridad sacerdotal, real y profética que le había otorgado su Creador y se encontró a sí mismo y a su descendencia–por no hablar del resto de la creación–precipitándose en el abismo del pecado, de la muerte y del juicio.

Ninguna cantidad de "lo siento mucho" puede expiar tal traición. Ninguna cantidad de buenas obras puede compensar lo que se perdió. Ninguna cantidad de cal puede cubrir la mancha del pecado que ahora satura el corazón humano.

LA ESPERANZA DE TODA LA HUMANIDAD

Dios habría sido perfectamente justo al no permitir que Adán y Eva vivieran ni un solo segundo después de que pecaran contra él en el jardín. A menos que Dios mismo intervenga en nuestro favor, todo estaría perdido para siempre.

¿Qué hizo Dios? Dios prometió que enviaría un Libertador. Un Prometido vendría para liderar el camino de la rebelión contra el caído orden mundial del pecado. Se produciría una terrible batalla por las almas eternas de los hombres y el Prometido de Dios saldría victorioso. Al tiempo que acusaba a su enemigo, Dios hizo el anuncio que da la vuelta a todo:

Pondré enemistad entre tú y la mujer,
y entre tu simiente y su simiente;
Él te herirá en la cabeza,
y tú lo herirás en el talón.
(Gen. 3:15)

¿Entendiste eso? Dios dijo que la mujer tendría descendencia, una descendencia masculina singular. "Él" heriría la cabeza de Satanás (una herida mortal), pero "su talón" sería herido (una herida comparativamente menor). La esperanza de la historia humana pende de la promesa de que un Libertador vendría a través del vientre de la mujer. Dios cumplió su promesa. Jesús, el último Adán, venció al enemigo de Dios y ahora está devolviendo al universo a su legítimo orden.

Dios no nos aniquiló en el jardín. Antes de que Dios dijera una palabra de juicio a Adán y Eva, les dio esta palabra de vida. El nacimiento—una nueva vida física—es una prueba de la continua misericordia de Dios hacia la humanidad pecadora. Todos los que han nacido han probado esta misericordia. Después de la caída, cuando la muerte entró en la creación de Dios, cada alma concebida es un triunfo de la vida a pesar de la muerte. El hecho de la vida nos recuerda que tenemos a Jesús y si tenemos a Jesús, entonces tenemos esperanza.

4

¿POR QUÉ DUELE TANTO EL PARTO?

"A la mujer le dijo, en gran manera multiplicaré tu dolor en el parto, con dolor darás a luz los hijos. Con todo, tu deseo será para tu marido, y él tendrá dominio sobre ti".
Génesis 3:16

Un amigo mío dijo una vez que como había pisado un bloque de Lego sin calcetín, ahora sabía lo que se siente al dar a luz. Estaba bromeando, por supuesto; pero, ¿por qué dar a luz duele realmente tanto?

"¿Por qué? ¿Por qué todo este dolor?" era el llanto de una mujer dando a luz en una sala de partos. Varias religiones del mundo proponen diferentes explicaciones. ¿Cuál crees que es la respuesta? ¿Crees que el dolor del parto existe sólo por razones fisiológicas? ¿Hay algo más? ¿Qué piensan tus vecinos sobre esta experiencia humana común? Sería una conversación interesante el preguntarle a tus amigos cuál creen que es el origen del dolor de parto y si piensan si tiene un propósito metafísico.

La comunidad científica incluso ha intentado cuantificar el dolor físico que experimentan las mujeres durante el parto.[1] Esta tarea resulta esquiva ya que el dolor se experimenta en muchas otras facetas. No es solamente físico. ¿Se puede medir la carga emocional de los últimos nueve meses (combinada con las circunstancias actuales en

---

1 Julie Bonapace et al., *"No. 355-Physiologic Basis of Pain in Labour and Delivery: Un enfoque basado en la evidencia para su gestión"*, Journal of Obstetrics and Gynaecology Canada 40, n° 2 (2018): 227-45.

la sala de partos), la angustia mental de que "esto está ocurriendo de verdad" y la capacidad de malestar espiritual, a menudo alarmante cuando las contracciones se producen con demasiada lentitud o rapidez? ¿Cómo se explica la razón por la que muchas mujeres que no reconocen a Dios, ni a ningún "dios", en su vida cotidiana, de repente claman a un poder superior cuando están en pleno parto? ¿Quién puede comprender la culminación de todo tipo de dolor cuando llega el momento de pujar? ¿Cómo se puede resumir la oleada de diferentes emociones que se producen cuando se sale de la sala de partos y se vive el dolor mezclado de alegría que supone la crianza de los hijos?

Si lo que dice C. S. Lewis es cierto–que el dolor es el "megáfono de Dios para despertar a un mundo sordo[2]"–entonces las mujeres que experimentan el dolor del parto podrían ser las personas más atentas espiritualmente en el mundo.

¿DE DÓNDE VIENE ESTE MEGÁFONO?

Leemos en la Biblia que Dios había encargado a Adán y Eva que fueran fructíferos y se multiplicaran, pero en juicio por su pecado Dios dijo que ahora "multiplicaría el dolor" al ser fructíferos. Es un juego de palabras en el idioma hebreo original. Dios le dijo a Eva que su dolor se multiplicaría al multiplicarse. La maldición afecta a la maternidad más allá del útero.

> A la mujer le dijo,
> «En gran manera multiplicaré
> Tu dolor en el parto,
> Con dolor darás a luz los hijos.
> Con todo, tu deseo será para tu marido,
> Y él tendrá dominio sobre ti». (Gn. 3:16)

Recordemos que a Eva, creada a imagen y semejanza de Dios, se le había encomendado un papel extraordinario ya que a ella y a Adán les habían dicho que "se fructificaran, se multiplicaran, llenaran la tierra y la sometieran" (Gn. 1:28). Este juicio particular frustró direc-

---

2 C. S. Lewis, *El problema del dolor* (1940; Nueva York: HarperCollins,1996), 91. "Dios nos susurra en nuestros placeres, habla en nuestra conciencia, pero grita en nuestro dolor: es su megáfono para despertar a un mundo sordo".

tamente las capacidades procreativas de Eva, impidiéndole cumplir fácilmente el mandato de la creación de Dios y hoy en día,–en todo el mundo–las mujeres en las diferentes estaciones de la vida experimentan desequilibrios hormonales, problemas de fertilidad, abortos espontáneos, complicaciones en el embarazo, dolores menstruales, dan a luz a bebés muertos, experimentan la menopausia y la muerte materna. Sólo podemos imaginar la aptitud de Eva antes de la caída para tener hijos.

Como vemos en la Palabra de Dios, el dolor del parto es un aspecto particular del juicio por nuestro pecado. Entendemos también que el dolor del parto de una mujer es diferente al de los animales. Cuando los seres humanos son entregados a través del embarazo y el dolor de parto, hay algo más que los procesos biológicos y la mecánica fisiológica. Nuestro dolor de parto multiplicativo pretende señalarnos una profunda realidad teológica: necesitamos un Salvador. Más adelante, veremos cómo nuestro Salvador también experimentó dolor en su labor de multiplicación, pero antes de que nos adelantemos demasiado...

¿PUEDES OÍR LA ESPERANZA?

En este momento habitan la tierra aproximadamente 7.600 millones de almas. El cien por ciento de nosotros ha nacido a través o a pesar de la existencia del dolor de parto (incluidos los que hemos sido concebidos o hemos nacido a través de intervenciones quirúrgicas que se desarrollaron para contrarrestar los obstáculos enfrentados a la reproducción). Todas las madres y los bebés que nacen a través del embarazo y el parto son receptores de la inmerecida gracia común de Dios, que incluye a todos. Corporativamente, tenemos muchas razones para alabar a Dios en todo momento y de todas las maneras. A nivel corporativo, como aquellos que han sido liberados por la gracia de Dios, podemos reflexionar sobre el dolor del parto y ver una imagen clara de nuestra situación como criaturas pecadoras y rebeldes. ¡Cuánto necesitamos que alguien nos salve! Somos incapaces de salvarnos a nosotros mismos.

Personalmente e individualmente, escuchamos a través del megáfono del dolor del parto un llamado al arrepentimiento y a la fe en Cristo. ¿Puedes oírlo? Mientras agonizaba en la cruz, despreciado y rechazado por Dios y los hombres, Jesús sufrió la justa ira de Dios por nuestro pecado. Jesús hizo esto voluntariamente en nuestro lugar como nuestro sustituto: Él es el *Cordero* de Dios. Una transacción gloriosa fue hecha en aquella cruz: Jesús compró la redención para su descendencia. Qué esperanza tan costosa tenemos en Cristo, quien pagó nuestra salvación con su sangre.

Debería decirse explícitamente ahora: ninguna madre puede hacer expiación por sí misma (ni por nadie) en la sala de partos. Sólo la sangre de Jesús puede satisfacer la ira de Dios contra nuestro pecado. No hay ningún mérito que se consiga al someterse a un parto doloroso (y tampoco se pierde ningún mérito al recibir medicación analgésica). Nuestro dolor de parto tiene un origen y un significado divinos, aunque servimos a un Dios de misericordia (Ex. 34:6) que no exige que suframos sin ayuda.

En nuestro lugar y condenado por nuestro pecado, el dolor de Jesús se multiplicó en su multiplicación: Jesús satisfizo la ira de Dios en la cruz y con su sangre rescató para Dios a personas de toda tribu, lengua, pueblo y nación (Apocalipsis 5:9). Ahora, todo el que es creyente en Jesucristo–sea hombre o mujer, niño o adulto–puede escuchar a través del megáfono del dolor de parto que el justo juicio de Dios por nuestro pecado fue llevado en la cruz por su Hijo sin pecado. La Biblia dice que cuando la obra de Jesús en la cruz llegó a su fin, declaró: "Consumado es" (Juan 19:30).

5

EL DOLOR EN LA CRIANZA DE LOS HIJOS

"Y el hombre se unió a Eva, su mujer, y ella concibió y dio a luz a Caín, y dijo: «He adquirido varón con la ayuda del Señor». Después dio a luz a Abel su hermano. Y Abel fue pastor de ovejas y Caín fue labrador de la tierra... Caín dijo a su hermano Abel: «Vayamos al campo». Y aconteció que cuando estaban en el campo, Caín se levantó contra su hermano Abel y lo mató".
Génesis 4:1-2, 8

¿Cómo están tus hijos? Esta es una pregunta fácil de hacer en una conversación casual, una que me encuentro haciendo a otros todo el tiempo. Sin embargo, es una pregunta difícil de responder ya que hace que las madres se detengan. El orgullo maternal de una madre crece cuando piensa en sus hijos y al mismo tiempo una serie de ansiedades puede llamar su atención. Esta pregunta también podría abrir una grieta en el muro que se está debilitando y dejando escapar una abrumadora avalancha de dolor.

En una conversación informal, una madre puede responder fácilmente a la pregunta con la respuesta general "¡Bien!", pero siempre se le ocurren mil cosas diferentes que podría contestar.

No tendrías que pensar durante mucho tiempo para elaborar una lista de las madres de tu vida que viven con el corazón roto por el dolor de crianza. Con una intensidad sólo comparable a la de su feroz amor por sus hijos, la agonía de una madre puede hincharse y estallar como las olas que chocan.

Al vivir en un mundo caído, el sufrimiento es una realidad. El dolor hace parte de la maldición por el pecado. El juicio de Génesis 3:16 se refiere al dolor físico del parto específicamente (¡desde la pubertad hasta la menopausia!), pero también tenemos pruebas empíricas de cómo el pecado, el juicio y el sufrimiento afectan a todas las áreas de la maternidad en general. El dolor del embarazo y el parto son tanto una preparación como un precursor de las pruebas que se avecinan.

Es posible que conozcas a personas que han observado estos diversos dolores en la crianza de los hijos y luego han optado por no traerlos a "un mundo como éste". Las madres (y los padres) ven a sus hijos sufrir y sufren con ellos. Muchas madres sufren mucho por sus hijos o incluso sufren a causa de ellos. Algunas madres son testigos de cómo sus hijos infligen dolor a sí mismos, a los demás e incluso a sus propias madres. Es devastador considerar la realidad de nuestro quebranto como seres humanos. En todo el mundo y a lo largo de la historia, la experiencia de una madre es diversa y variada, desde el lamento socialmente aceptable de "mis hijos me están volviendo loca" hasta las penas indecibles que una madre nunca se atrevería a pronunciar en voz alta. En la línea del comentario de Lewis sobre el dolor que despierta a un mundo sordo a la existencia de Dios, el megáfono del dolor materno nos llama a arrepentirnos y a creer en el evangelio: la única solución a nuestro dolor. Mientras que el dolor de pujar puede durar sólo horas o minutos, el dolor de la crianza en este mundo enfermo de pecado puede durar toda la vida. En cada momento de este viaje de la crianza de los hijos, los criamos por gracia a través de la fe en Jesús.

QUE DIOS NOS AYUDE

Mi círculo de amigas y conocidas en esta ciudad representa sólo una fracción minúscula de la diversidad presente en el mundo actual, pero entre ellas compartimos muchos puntos en común. Uno de ellos es que los efectos del juicio por nuestro pecado llegan mucho más allá de nuestros vientres. Todas necesitamos esperanza y ayuda para nuestras labores de crianza. Necesitamos saber que hay una solución a nuestro sufrimiento. Todas necesitamos ver cómo nuestro dolor de madres nos señala a un hombre que fue colgado en una cruz por nuestro pecado y que tres días después abandonó su tumba para nuestra justificación.

En los primeros versículos de Génesis 4, leemos que Eva quedó embarazada, perseveró durante el embarazo y sobrevivió al parto ¡dos veces! El Señor libró a Eva de su creciente dolor al multiplicarse. Ella reconoce explícitamente que Dios es el responsable de su concepción, parto y liberación. Lo llama por su nombre personal, su nombre del pacto: SEÑOR. Eva reconoce el mérito que le corresponde y me llena de esperanza considerar que mientras Eva se había equivocado en su representación de Dios al hablar con la malvada serpiente serpiente, aquí no duda en absoluto del carácter confiable y bondadoso de Dios.

Nuestro Dios, hacedor de pactos y cumplidor de promesas, había dicho que un hombre que aplastaría a la serpiente–el Mesías– vendría a través de la simiente de la mujer. Ahora, Eva reconoce que ha "concebido un varón con la ayuda del Señor". ¡Qué emoción! Las madres que han perseverado durante el embarazo y el parto para sostener en sus brazos a un bebé que llora–no importa cuánto tiempo haya pasado–todavía pueden saborear la temblorosa alegría de ese momento. Para Eva, este momento significó mucho más que el simple hecho de recibir un bebé a quien amar y criar en el temor del Señor. Su liberación y la de Caín a través del parto fueron una señal para ella de que las promesas de Dios perdurarían. Tal vez Eva examinó los pequeños y gordos pies de Caín y Abel y las diminutas uñas de sus pies, preguntándose cómo un hijo suyo aplastaría un día la cabeza de la vil serpiente.

Sin embargo, los sueños de Eva de ser liberada a través de Caín y Abel fueron aplastados cuando se reveló que Caín no era rival para la serpiente. Caín, lleno de odio, asesinó a su hermano. De un solo golpe, la madre de todos los vivientes perdió a sus dos hijos. Uno de sus hijos fue asesinado y el otro se reveló del lado de la serpiente y no sería su prometido Salvador. ¿Quién los salvaría ahora? Dios la había fortalecido en las pruebas diarias que enfrentaba como madre al criar hijos con una naturaleza pecaminosa en un mundo caído fuera del jardín perfecto de Dios. ¿Fue todo esto en vano? ¿Qué fue lo que salió mal? ¿Por qué un dolor tan abrumador?

ESPERANZA COMO LA DE EVA

Tal vez esta pregunta–¿Por qué?–te atormenta a ti también. Tal vez hagas una oración de amor maternal sacrificial y concluyas: Yo lo tuve en mi vientre, lo crié, lo alimenté y lo vestí, ¿por qué este dolor?

¿Qué esperanza puedo tener?

El pecado de Adán y Eva, nuestro pecado, y los pecados de toda la humanidad merecen el justo juicio de nuestro santo Dios. Dios no se equivoca en su juicio: "Su obra es perfecta, porque todos sus caminos son justos. Dios de fidelidad y sin injusticia, Justo y recto es Él" (Dt. 32:4). Considerar la absoluta santidad de Dios debería humillarnos como pecadoras.

Nuestro dolor se multiplica enormemente. Queridas lectoras, todas sufrimos. Como Eva, no podemos suponer que se nos dará la concepción. Como Eva, no podemos suponer que nosotras (o nuestros hijos) perseveraremos durante el embarazo o que nosotras (y nuestros hijos) no tendremos dolores de parto. Como Eva, no podemos suponer que nuestros hijos "saldrán" como esperamos.

Es una verdad difícil de aceptar pero sólida de sostener: no podemos salvarnos a nosotras mismas. Que la rica bondad de Dios con nosotras nos lleve al arrepentimiento. Como Eva, podemos confiar en que Dios cumplirá su promesa.

Sólo la gracia de Dios, a través de Jesucristo, puede librarnos del peor dolor y destino que puede sufrir un ser humano: la separación eterna de Dios y el castigo en el infierno. Ahora bien, ya que Dios ha proporcionado la salvación de este destino peor que la muerte, ¿no proporcionará también la liberación de nuestras dudas en su carácter, de nuestra falta de fe cuando andamos en piloto automático y nos olvidamos de Él, de nuestros corazones arrogantes y obstinados que insisten en que podemos salvarnos a nosotras mismas y a nuestros hijos?

Que la fidelidad de Dios sea lo que nos levante de la cama por la mañana, nos cierre los ojos por la noche y nos sostenga durante las noches llenas de trabajo maternal. Como Eva, demos crédito a quien lo merece, alabemos a Dios por los diversos medios de gracia común en nuestras vidas como la comunidad médica y aferrémonos al Señor que nos ha salvado por gracia mediante la fe.

6

RETORCIÉNDOSE BAJO EL JUICIO DE DIOS

"En tu misericordia has guiado al pueblo que has redimido; con tu poder los has guiado a tu santa morada. Lo han oído los pueblos y tiemblan; el pavor se ha apoderado de los habitantes de Filistea. Entonces se turbaron los príncipes de Edom; los valientes de Moab se sobrecogieron de temblor; se acobardaron todos los habitantes de Canaán. Terror y espanto cae sobre ellos; por la grandeza de tu brazo quedan inmóviles, como piedra, hasta que tu pueblo pasa, oh Señor, hasta que pasa el pueblo que tú has comprado".
Éxodo 15:13-16

Estos últimos capítulos no han sido capítulos para sentirse bien, ¿verdad? Pecado, dolor, maldición, muerte, juicio.

No solemos hablar de estas cosas en la fila del supermercado o cuando pasamos por la oficina de un colega. No es que estos problemas no sean reales, sino que son agudos, verificables y horripilantes y por eso preferimos evitarlos. Muchas personas se sienten bastante cómodas hablando de sus problemas de salud o financieros en detalle. Las lectoras que actualmente están embarazadas, ¿han confiado a una amiga o a un desconocido alguna de sus nuevas dolencias físicas? Las madres que buscan la adopción, ¿encuentran la complicidad de otras personas sobre las diversas tensiones de la adopción? Cuando la gente comparte sus luchas de salud o sus preocupaciones por el dinero o el miedo al futuro o cualquier otra prueba específica, ciertamente requieren nuestra empatía y preocupación. Dios nos diseñó para encontrar consuelo en la comunidad y le agradecemos directamente que nos proporcione hombros en los que llorar y profesionales médicos que nos acompañen en estos diversos tipos de dolor.

No obstante, aunque discutamos nuestros dolores temporales y físicos, la mayoría de nosotras prefiere no sumergirse con otros en las aguas más profundas del pecado y del juicio de Dios. Al dudar sobre entrar juntos en estas discusiones, nos perdemos. Cuando pasamos por alto los asuntos difíciles, descuidamos la belleza del carácter perfecto de Dios. Afortunadamente, la Biblia nos invita a ver a nuestro Rey en toda su belleza ya que las Escrituras hablan a menudo de estos asuntos difíciles en lenguaje sencillo y narrativo e incluso en canciones, como vemos aquí en el Éxodo.

CANTANDO CON MOISÉS

Ya hemos mencionado el hecho de que tanto el dolor que experimentamos en el parto específicamente como el dolor que experimentamos en la maternidad en general hace parte de la maldición de Dios por el pecado. Reconocemos que el pecado de Adán y Eva, nuestro pecado y el de toda la humanidad, merecen el justo juicio de Dios. Desde el nacimiento hasta la muerte, tenemos dolor. Si tenemos oídos para escuchar cosas espirituales, entonces entendemos cómo nuestro dolor puede servirnos como una alarma o un megáfono. El dolor nos llama a vivir con un humilde arrepentimiento y una fe confiada en Cristo. Aquí, en Éxodo 15, el lenguaje del dolor de nacimiento nos invita una vez más a adorar a nuestro santo Dios.

El contexto del canto en Éxodo 15 es la liberación. Sano y salvo al otro lado del Mar Rojo, Moisés está enseñando al recién rescatado pueblo de Dios a adorar a su Creador que les ha revelado su nombre–Yahvé–, que significa "Yo soy el que soy". Por medio de un paralelismo poético, leemos cómo Dios, que con el viento impetuoso [ruah, a menudo traducido como "Espíritu" de sus narices, amontonó las aguas y puso a su pueblo elegido en tierra firme (Ex. 15:8). Esto tiene lugar al final de la batalla entre Yahvé y sus enemigos en Egipto–tanto los que se ven como los que no se ven–y el canto de Moisés es como la balada final de la banda sonora de una película mientras ruedan los créditos.

El canto de Moisés está ambientado en la fidelidad de Dios a su santo nombre. Dios es fiel y santo en la liberación de su pueblo.

Dios es fiel y santo para destruir a sus enemigos y ahora, en la tierra prometida, se describe a los cananeos como retorciéndose metafóricamente ante la ira que se les viene encima. Su retorcimiento no les llevará a nacer y vivir sino que trata de una señal de su muerte y destrucción. Es importante saber que el uso del lenguaje del dolor de parto para describir el juicio no es exclusivo de los cananeos sino que también se utiliza en otras partes de las Escrituras. Algunos ejemplos son:

Hoy comenzaré a infundir el espanto y terror tuyo sobre los pueblos debajo del cielo, quienes, al oír tu fama, temblarán y se angustiarán a causa de ti. (Deut. 2:25)

Porque oí un grito como de mujer de parto,
Angustia como de primeriza;
Era el grito de la hija de Sión que se ahogaba,
Y extendía sus manos, diciendo:
«¡Ay ahora de mí, porque desfallezco ante los asesinos!».
(Jer. 4:31)

Por esta razón mis lomos están llenos de angustia;
Dolores se han apoderado de mí como dolores de mujer de parto.
Estoy tan confundido que no oigo, tan aterrado que no veo.(Isa. 21:3)

Ninguna anestesia en la tierra puede aliviar este tipo de sufrimiento. El juicio significa que, aparte de Cristo, el pecado es sufrimiento nuestro por la eternidad.

DE LA LUCHA A LA SALVACIÓN

"Vean ahora que Yo, Yo soy el Señor, Y fuera de Mí no hay dios. Yo hago morir y hago vivir. Yo hiero y Yo sano, Y no hay quien pueda librar de Mi mano" (Dt. 32:39). Oh, amigo, tú y yo no tenemos ningún terreno moral en el que pararnos frente a la justicia de Dios. Es tentador leer este pasaje e identificarse exclusivamente con los liberados que cantan la victoria. Recuerda a menudo que, aparte de Cristo, somos los filisteos que se sienten horrorizados ante la idea de la ira de Dios, pero para el evangelio, somos los edomitas que están consternados sin esperanza. Sin la crucifixión del Hijo de Dios en nuestro lugar, somos los líderes moabitas que no tienen buenas noticias que ofrecer a sus familias. Nunca olvidemos que el terror, el pavor y el desvanecimiento son todos nuestros en su máxima medida si Cristo no bebió la copa completa de la ira de Dios por nosotros.

Debemos abrazar el camino de la salvación que Dios ha trazado para nosotros con su propia mano. Nuestra agonía por temor a la ira de Dios no se aplacará si no nos cubrimos con la sangre de Jesucristo, nuestro Cordero de la Pascua. Jesús fue traspasado por nuestras transgresiones. Jesús fue aplastado por nuestras iniquidades. Sobre Jesús recayó el castigo que nos trajo la paz y con las heridas de Jesús quedamos curados.

Es Yahvé mismo quien nos guía a su morada sólo con su fuerza; no podemos lograr esta salvación por nosotros mismos. Si no tenemos a Jesús, entonces no podemos esperar el rescate de Dios, sino sólo su justo juicio por nuestro pecado.

Amiga, ¿conoces hoy el consuelo de la cruz? Cuando tu corazón tiembla de miedo por tu pecado, ¿piensas en Cristo? ¿Piensas en Aquel que se retorció en agonía en la cruz bajo el peso de tu pecado? ¿Te sientes atrapada en tu pecado? Recuerda cómo logró el mayor éxodo para nosotros de la muerte a la vida de la nueva creación. Que los que somos orgullosos recordemos el sufrimiento de Cristo en nuestro lugar y que eso humille nuestros corazones incluso ahora mismo. Canta con Moisés y maravíllate ante la asombrosa santidad del Dios que nos ama y nos redimió a un costo tan grande para sí mismo.

7

EL DOLOR DE PARTO DE DIOS

"Y clamó Moisés al Señor y dijo: «¿Qué haré con este pueblo? Un poco más y me apedrearán». Entonces el Señor dijo a Moisés: «Pasa delante del pueblo y toma contigo a algunos de los ancianos de Israel, y toma en tu mano la vara con la cual golpeaste el Nilo, y ve. Yo estaré allí delante de ti sobre la peña en Horeb. Golpearás la peña, y saldrá agua de ella para que beba el pueblo». Y así lo hizo Moisés en presencia de los ancianos de Israel.Y puso a aquel lugar el nombre de Masah y Meriba, por la contienda de los israelitas, y porque tentaron al Señor, diciendo: «¿Está el Señor entre nosotros o no?»". **Éxodo 17:4-7**

En el capítulo anterior vimos cómo la angustia y el dolor de parto se han apoderado de las naciones idólatras de Canaán. ¿Por qué? Porque si bien Yahvé salvó a su pueblo, también castigó a los egipcios por su pecado, y los cananeos fueron los siguientes en ser castigados. A lo largo del Antiguo Testamento, el uso predominante de la metáfora del dolor de parto indica el justo juicio del Señor contra el pecado. El mundo, con toda su tecnología y sus filosofías, no puede anular su resolución de castigar el pecado ni aliviar nuestros corazones temblorosos ante lo que se avecina. Las naciones tenían razón al retorcerse.

Así que, ahora que sus enemigos en la tierra tiemblan de miedo, ¿confía Israel sin miedo en el Dios que los salvó de Egipto y los condujo a través del Mar Rojo? Difícilmente. Comienzan las quejas, y el pueblo básicamente inicia una demanda contra Moisés porque tiene sed. Moisés reconoce que sus quejas no tienen que ver con él: "¿Por qué os peleáis conmigo? ¿Por qué ponéis a prueba al Señor?". El pasaje anterior es la sorprendente respuesta del Señor a los corazones rebeldes del pueblo. Vuelve a leerlo despacio. ¿Qué ocurre aquí?

Indignados en su pecado, los israelitas acusan irracionalmente a Yahvé de haberlos sacado de Egipto para destruirlos. Nuestro pecado nos hace tener pensamientos ridículos, ¿no es así? Pero, ¿qué hace Dios, justo y santo? Por su naturaleza perfecta y por el bien de su nombre no puede tolerar el pecado. Allí, en Meribah, Yahvé se paró sobre la roca y recibió el golpe del juicio por el pueblo en su lugar, y de la roca fluyó agua que daba vida. En lugar de golpear al pueblo en su pecado, Dios (que nunca hace nada malo) toma el juicio sobre sí mismo. ¿Te recuerda esto a algo? Sigue leyendo.

DESTELLOS DE GRACIA EN LA ROCA

Más tarde, Dios le dio a Moisés un último canto para que lo enseñara al pueblo después de que éste permaneciera en el desierto y estuviera a punto de cruzar a la tierra prometida. Un verso del canto utiliza el lenguaje del dolor de parto: "Despreciaste a la Roca que te engendró, y olvidaste al Dios que te dio a luz" (Dt. 32:18). En el último capítulo vimos Deuteronomio 2:25, que decía que las naciones estaban en la "angustia" del dolor de parto. Moisés utiliza aquí el verbo hebreo relacionado para hablar de que Dios da a luz a su pueblo del pacto. ¡Qué notable es que lo hiciera experimentando angustia! ¿A qué podría referirse?

Puede parecer extraño pensar que Dios experimenta dolores de parto. Dios, a través del profeta Isaías, dirá más tarde de su obra salvífica: "Pero ahora grito como mujer de parto; resuello y jadeo a la vez" (Isa. 42:14). Los jadeos son respuestas al duro trabajo de parto. Recordemos que el dolor del parto es en gran medida negativo en el Antiguo Testamento ya que se trata de un juicio, pero, ¿ves cómo en Deuteronomio 32:18 está emparejado con la esperanza? Este cántico fue dado como testimonio y advertencia y sin embargo, el latido que hay detrás es de esperanza. Una vez más, la metáfora del parto nos remite a Dios. El parto no tiene que ver con nosotros.

¿Puedes ver esta impresionante imagen de expiación sustitutiva? Si miramos a través de la lente de la cruz, los píxeles borrosos se enfocan de repente y vislumbramos el glorioso Evangelio. Los pecadores malvados rechazan a su Salvador. No piden misericordia. Agitan sus puños. Sin embargo, nuestro amoroso y santo Dios recibe el golpe del juicio en su lugar. ¿Y el resultado? El pueblo de Dios nace.

Oh, ¡cuánto necesitamos ojos para ver que Dios es el centro del universo! Por muy vertiginoso que pueda ser el dolor que experimentamos al criar a los hijos, necesitamos tener los medios para recordar cómo nos señala a Dios mismo. Nuestras complicaciones de fertilidad no tienen que ver con nosotros. Los dolores del embarazo no tienen que ver con nosotros. Nuestro trabajo de construcción de la familia no tiene que ver con nosotros. En la eternidad pasada, el Dios trino ordenó que la crucifixión del Hijo de Dios fuera el medio de nuestra salvación antes de la creación. Antes del pecado de Adán y Eva en el jardín. Antes de su pronunciamiento del juicio de los dolores de parto multiplicados. Antes del incidente de la roca en Meribah. Todo el tiempo, Dios diseñó el justo juicio por nuestro pecado para ejemplificar su abundante gracia. ¿Lo ves?

DIOS NO ES COMO NOSOTROS; NOSOTROS SOMOS COMO ÉL

Necesitamos tener ojos para ver cómo incluso el juicio del dolor multiplicado en el parto–esta experiencia común de las mujeres de todo el mundo a lo largo de los siglos–sirve para redirigir nuestros pensamientos a Cristo. No ignoren, hermanas... que la Roca era Cristo (1 Cor. 10:1-4). Tenemos que ver que nuestro dolor de parto es como el de Dios, y no al revés. Nuestro dolor de nacimiento al traer una nueva vida al mundo corresponde al dolor de parto de Dios al traer a su pueblo del pacto a la vida de la nueva creación. Trabajamos con esperanza como aquellos sobre los que ha llegado el fin de los tiempos (1 Cor. 10:11).

Para que nadie lo entienda mal, nuestro dolor de parto no nos purifica sino solamente la sangre de Cristo. Los que abrazamos el Evangelio creemos que nada puede añadirse a la obra expiatoria de Cristo. Experimentar el juicio del dolor multiplicado en el parto no puede apaciguar la conciencia culpable. Hacer sacrificios en nuestra maternidad no puede limpiarnos de nuestro pecado. Pretender que somos capaces de liberarnos de nuestro pecado no puede confirmar nuestra dignidad como mujeres o madres. No podemos hacer estas cosas por nosotras mismas y tampoco necesitamos hacerlo. Una vez y sólo una vez, Jesús se ofreció como sacrificio por los pecados de muchos y ni uno solo de nuestros pecados quedó al descubierto por su sangre.

Nos gloriamos en la cruz, donde Cristo recibió el golpe del juicio por nosotros.

NUESTRA MATERNIDAD TIENE QUE VER CON UN HOMBRE: JESÚS

Dios salva a los que nunca hubieron podido salvarse a sí mismos. El acontecimiento en la Roca, donde Dios recibe el golpe de gracia para dar vida a su pueblo, nos remite al sufrimiento de Cristo en la cruz para dar nueva vida a su pueblo. Es a través de su sufrimiento que nacemos de nuevo. Tú y yo no hicimos nada a excepción de ser pecadores que necesitan un Salvador. Nuestro llamado diario es a la humildad, al arrepentimiento y a la gratitud como madre trabajadora.

Quebrantémonos por nuestro pecado. Seamos audaces ante el trono de la gracia de Dios. Seamos necesitadas de escuchar la Palabra de Dios cada día.

Qué alivio aprender que el dolor del parto y la maternidad, en última instancia, no tiene que ver con nosotras sino que sirve para señalarnos nuestra única esperanza. Acuérdate de la Roca que te dio a luz. Recuerda al Dios que te dio a luz. Cristo lo es todo.

8

EL EVANGELIO ES LA CURA DEFINITIVA PARA LA EPIDEMIA DEL ABORTO

"Despreciaste a la Roca que te engendró, y olvidaste al Dios que te dio a luz". **Deuteronomio 32:18**

"Nadie tiene un amor mayor que este: que uno dé su vida por sus amigos". **Juan 15:13**

Amiga, me costó muchos intentos sentarme a escribir este capítulo. Me sentaba con el portátil abierto y simplemente lloraba. Un episodio de llanto en particular duró todo el día. El dolor era tan grande que consideré borrar este capítulo del índice por completo, pero Dios es bondadoso y contemplé su amor por mí en la cruz, donde Jesús cargó con el castigo por mis años de apatía y desprecio por la vida humana porque en mi juventud consideraba que el aborto era una "opción triste, pero necesaria" si alguna vez quedaba embarazada antes de sentirme preparada. Admiraba a las amigas que abortaban a sus bebés, pensando que "hacían lo que tenían que hacer" y cerraba deliberadamente los ojos a la verdad de lo que es el aborto: un ataque a la imagen de Dios.

Cuando nací de nuevo, me arrepentí de esta actitud pecaminosa y al escribir este libro, el Espíritu ha vuelto a consolar mi conciencia de que mi culpa está pagada en la cruz. Así que, vengas de donde vengas–y desde cualquier lugar en el que estés leyendo este libro ahora mismo–, por favor, lee y considera estas cosas en donde yo las he considerado: al pie de la cruz de Jesucristo. Si el aborto forma parte de tu historia en cualquier sentido, no hay mejor lugar para considerar un tema de tanto peso que a la vista del Salvador que ha expiado cada pecado de cada persona que pone su fe en él.

LA PACIENCIA INTENCIONADA DE DIOS

Como vimos en el último capítulo, nuestro pecado nos hace tener pensamientos ridículos. Actuamos de acuerdo a nuestras creencias malignas, a nuestros sentimientos de desesperación e incluso a nuestra ignorancia. Alabado sea Dios por su paciencia.

Ahora bien, podemos ejercitar la paciencia en el sufrimiento con diferentes intenciones. Todos podemos pensar en personas que han esperado el momento adecuado con mala intención, ya sea para hacer un comentario sarcástico o para vengarse, pero la Biblia enseña que la intención de Dios en su paciencia sufrida es que nos arrepintamos: "El Señor no se tarda en cumplir su promesa, como algunos entienden la tardanza, sino que es paciente para con ustedes, no queriendo que nadie perezca, sino que todos vengan al arrepentimiento" (2 Pe. 3:9).

¿Cuál es esta promesa? El día del Señor es la promesa que aquí se contempla: la promesa de que Cristo volverá. Pedro dice a sus lectores que Dios no es lento. Nos está dando deliberadamente tiempo y oportunidad para confiar en Cristo, para arrepentirnos de nuestro pecado y para vivir por fe. Amiga, si te has levantado esta mañana (y puedo asumir con seguridad que lo has hecho), entonces Dios te está mostrando su misericordia. Si estás en Cristo, puedes gloriarte en el Evangelio incluso ahora, ¡qué bendición! Si no conoces al Señor, Él te está dando tiempo ahora mismo para que puedas arrepentirte y creer en Cristo crucificado en tu lugar.

¿HASTA CUÁNDO, SEÑOR?

La paciencia de Dios es una gracia para nosotras que resulta especialmente sorprendente a la luz del grave pecado del aborto. Una marea de sangre inocente recorre el planeta y clama desde la tierra. Cuando miramos las estadísticas de abortos en todo el mundo, nuestro corazón se tambalea. Muchas cerramos los ojos a la verdad, nos contentamos con insensibilidad y apatía en nuestros corazones y también nos sentimos totalmente desesperadas hasta el punto de dejar de orar.

Nos maravillamos de la extraordinaria paciencia del Señor, llena de gracia, y le adoramos. Él es la personificación del amor paciente. Recordemos cómo Yahvé liberó a los israelitas de Egipto. Con plagas de ríos de sangre, piojos, ranas y granizo el ángel de la muerte castigó a los egipcios por su pecado, pero de todos estos juicios perdonó a los israelitas. Una vez hecho todo esto, fue a través de puertas cubiertas con la sangre del Cordero de la Pascua y a través de muros de agua en el Mar Rojo que Yahvé condujo a los hijos de Abraham a un lugar seguro. Uno supondría que tal misericordia por parte de Dios al sacarlos de la esclavitud sacaría de sus corazones una corriente interminable de gratitud, pero el corazón humano está envenenado por la corrupción. Cuando se enfrentó a una prueba en la roca de Meribah, el pueblo falló la prueba miserablemente. En lugar de alabanza y oración, la queja y el rencor fluyeron de sus corazones.

Por su naturaleza perfecta y por el bien de su santo nombre, Dios no puede tolerar el pecado. ¿Qué haría entonces? Con mucha paciencia, sin querer que nadie perezca, Yahvé se puso delante de la roca y recibió el golpe de la sentencia por el pueblo en su lugar. Mientras Dios recibía simbólicamente el justo castigo por el pecado del pueblo, de la roca brotó agua vivificante. Allí, en la roca de Meribah, Yahvé dio a luz a su pueblo. El pecado fue juzgado y se dio una nueva vida.

SU VIDA POR LA NUESTRA

"No te acordaste de la Roca que te engendró, y te olvidaste del Dios que te dio a luz". Este cántico debía estar en los labios del pueblo de Dios y resonar en sus corazones como testimonio y advertencia. ¡No te olvides de Dios! ¡No te olvides nunca de Dios!

El sacrificio voluntario de Yahvé por los pecadores debería hacernos reflexionar. ¿Quiénes somos nosotros para que nos ame? ¿Quiénes somos para que derrame su gracia sobre gracia? La respuesta no es que seamos encantadores, sino que Dios es amor. Él es Dios; él define el amor. Cuando amamos, debemos amar como Él ama; Él no está obligado a amarnos de la manera en que nosotros definimos el amor. Alabado sea Dios por ello.

Por esta razón, los argumentos a favor del aborto son diametralmente opuestos al corazón del Evangelio. Yahvé podría haber abatido a la nación de Israel o haber "abortado" a Israel allí en la roca, destruyendo al pueblo con un juicio justo. En cambio, Dios recibió simbólicamente el juicio que merecían en un acto que prefiguraba la redención que recibimos a través de la cruz, donde el Dios-hombre experimentó la muerte para que nosotros pudiéramos experimentar una nueva vida.

Jadeamos y nos tapamos la boca con las manos ante el número de abortos que se cometen en nuestros días. A muchos de nosotros nos toca de cerca. Esas cifras representan a nuestros bebés, a nuestros sobrinos, a los hijos de nuestros amigos y vecinos que han desaparecido. Nuestros corazones están cargados, agobiados por la desesperación, la culpa y la desesperanza, pero el Evangelio da vida y esperanza. Jesús ha cargado con la culpa de todos los abortos cometidos por aquellos cuya esperanza está en Él.

Jesús fue separado de su Padre en la cruz para poder dar vida a los que han cortado a los hijos de la vida. Jesús se retorció bajo los dolores de parto del juicio para eliminar la culpa de la sangre de las personas que han quitado la vida. Por el gozo que le fue dado, Jesús pagó voluntariamente el precio de tener hijos espirituales y redimirlos de este mundo malvado. El aborto pervierte tanto la misericordia como la justicia mediante el sacrificio de niños: tu vida por la mía. Pero el auto-sacrificio de Jesús ejemplifica perfectamente tanto la misericordia como la justicia: mi vida por la tuya.

No debería sorprendernos que, cuando nuestra cultura rechaza el Evangelio, los hombres y las mujeres se cieguen y traten de escapar del sufrimiento y el sacrificio. En la maternidad, una mujer imita la gran narrativa de la redención, ya que prueba mil muertes para dar vida al niño día tras día. El latido del sacrificio y el viaje emocional de una madre biológica después de haber dado a luz a un niño en adopción es mi vida por la suya. Es la gracia y la misericordia de Dios lo que lleva a una madre biológica a través de este tipo de auto sacrificio y sufrimiento. Jesús dijo y demostró que "nadie tiene mayor amor que el que da la vida por sus amigos" (Juan 15:13).

Sólo el mensaje del Evangelio ofrece el perdón del aborto. Sólo el Evangelio es capaz de potenciar el amor sacrificial cuando nos enfrentamos a la elección de quitar la vida o alimentarla. Sólo el Evangelio puede invertir el curso del creciente número de abortos en nuestras tierras.

9

PROBAR LA MUERTE POR LOS DEMÁS

"Pero quiso el Señor quebrantarlo, sometiéndolo a padecimiento. Cuando Él se entregue a sí mismo como ofrenda de expiación, verá a su descendencia, prolongará sus días, y la voluntad del Señor en Su mano prosperará". **Isaías 53:10**

"Pero vemos a Aquel que fue hecho un poco inferior a los ángeles, es decir, a Jesús, coronado de gloria y honor a causa del padecimiento de la muerte, para que por la gracia de Dios probara la muerte por todos. Porque convenía que aquel para quien son todas las cosas y por quien son todas las cosas, llevando muchos hijos a la gloria, hiciera perfecto por medio de los padecimientos al autor de la salvación de ellos". **Hebreos 2:9-10**

Ser madre es un ejercicio de hiperconciencia. Piénsalo: ¿Existe algún aspecto de tu vida que no sea examinado de cerca a través del lente de la inminente maternidad? De repente, cuentas las patadas, los kilos y las onzas del bebé o el dinero para los gastos de la agencia de adopción. Estás evaluando tu consumo de ácido fólico, el espacio de tu armario, tu termostato y la capacidad de tu vehículo. Incluso, las personas que te rodean vuelven a centrar tu atención en ti a través de sus comentarios verbales. Deberías comer esto. No lleves eso. Compra esto. Toma esta clase. ¿Cuántos meses faltan para que traigas a tu hijo a casa? Mira tu barriga, está muy grande. Mira tu barriga, es muy pequeña (como si no hubieras mirado ya el calendario o el espejo varias veces ese mismo día). Esta hiperconciencia no hace las maletas y se va después de las cuarenta semanas, sino que abre la puerta a la soledad.

¿No es triste cómo los comentarios comprensivos de otras madres sobre la maternidad tienen el potencial de poner más ladrillos en el muro que nos aísla de los demás? Aparentemente, seguras dentro del muro de la soledad, no hay nadie que entienda completamente todo lo que estamos pasando mientras morimos a nosotras mismas para traer vida al mundo.

Amiga, sabes lo que voy a decir: "Sí, hay alguien y con todo su corazón: Cristo". Pero, ¿cómo puede saber Jesús–un hombre que nunca estuvo embarazado ni envió por correo ningún expediente de adopción a ninguna embajada–lo que se siente? Creo que descubrirás que el ancla de la esperanza se mantiene cada vez más fuerte cuando profundizamos en las razones por las que Jesús tiene una empatía única con nosotras, lo que lo hace estar exclusivamente cualificado para guiarnos a través del sufrimiento hacia la gloria.

SIGUIENDO A NUESTRO HERMANO MAYOR

La respuesta corta a nuestra pregunta es: Jesús mismo sufrió. Los pasajes anteriores cuentan lo que sufrió, por qué lo hizo y los resultados. Hace toda la diferencia para nuestra perspectiva de la maternidad que seamos tan conscientes u "omni conscientes" como podamos de Cristo, nuestro Salvador.

Sin duda, estás notando un patrón: cada aspecto de la maternidad sirve para alimentar nuestra adoración a Jesús. Quitamos los ojos de nosotras mismas y miramos a través de las sombras hacia la sustancia que es Cristo. El nacimiento no tiene que ver con nosotras sino con Dios.

A la vista del universo que nos observa, nuestro Sumo Sacerdote Jesús se entregó como sacrificio único para completarnos. Esto nos dio (a hombres, mujeres y niños) un acceso sin precedentes a la presencia de Dios en el verdadero Lugar Santísimo del cielo. La ofrenda de Cristo por nuestra culpa no fue simplemente "aceptable" a los ojos de Dios, como si fuera una buena opción en medio de las múltiples opciones para nuestra expiación. Fue la voluntad del Señor aplastarlo. Piensa en ello. El Hijo eterno de Dios, la segunda persona de la Trinidad, no estaba simplemente abierto al plan de la eternidad pasada para su aplastamiento, dolor y muerte en la cruz. El Hijo estuvo de acuerdo con el plan de redención del Padre y soportó la cruz por el gozo que se había propuesto.

¿Le faltaba algo a Jesús en sí mismo? ¿Por qué el texto dice que fue perfeccionado a través del sufrimiento? La perfección de la que habla este pasaje no es una perfección moral. La Biblia enseña claramente que Jesús es impecable. Hebreos 5:8-9 nos da una idea de esta perfección: "Aunque era Hijo, aprendió obediencia por lo que padeció; y habiendo sido hecho perfecto, vino a ser fuente de eterna salvación para todos los que le obedecen," La obediencia hasta la muerte en una cruz por los pecados de muchos es la obediencia aprendida por el Hijo. En la cruz, su obediencia fue completamente probada, y al tercer día Jesús terminó su curso y fue resucitado de entre los muertos a una gloria incorruptible.

Era conveniente que el Hijo lograra su perfecta obediencia al Padre a través de la cruz. La cruz y sus resultados son totalmente adecuados porque para eso vino Jesús. El Padre envió al Hijo al mundo para que fuera crucificado y resucitado para que pudiera llevar "muchos hijos a la gloria". Cuando el primer Adán pecó egoístamente, llevó a todos sus hijos a la muerte. Por la gracia de Dios, cuando el último Adán sin pecado dio su propia vida, probó la muerte por todos, fue resucitado a una vida de nueva creación para siempre y alcanzó a ver a su descendencia. Jesús merece la recompensa de su sufrimiento: una gran multitud que nadie puede contar, de todas las naciones, de todas las tribus y pueblos y lenguas (Apocalipsis 7:9).

Es adecuado porque fue la voluntad del Señor. Si el Señor ha querido algo, entonces debe ser bueno en el sentido más profundo y verdadero de la palabra. ¿Lo crees? ¿Estás de acuerdo, en el fondo de tu corazón, en que todo lo que el Señor quiere es correcto y bueno e indiscutiblemente, en última instancia, bueno, porque Él es bueno? Amiga, se necesita fe para creer esto y caminar en esto cada día.

LA GRAN PREGUNTA DEL PORQUÉ DE LA MATERNIDAD

¿Por qué estoy haciendo esto? Esta es la pregunta–hablada o no–que nos hacemos mientras perseveramos en el trabajo de esperar un hijo y en la crianza diaria de nuestros hijos. ¿Cuál es la esperanza que nos impulsa cuando luchamos: los almuerzos anuales del día de la madre? ¿Ver a nuestros hijos en buenas universidades? ¿Una casa llena de futuros nietos?

Día y noche, ¿por qué nos entregamos? Por el Evangelio. Este impresionante retrato del Siervo Sufriente da forma a una perspectiva centrada en Cristo para nuestra maternidad. Cada tema de dolor y sufrimiento en este mundo da paso a una visión de nuestro glorioso Cristo.

Amiga, cada una de nosotras sufre pérdidas de diversas maneras y es tentada a pensar que somos menos por ello. Culpamos a Dios por nuestro dolor y tiramos por la borda nuestra fe confiada en lugar de perseverar por gracia mediante la fe. Donde nosotras hemos fracasado en nuestras pruebas y hemos gemido en nuestro auto sacrificio por nuestros hijos, Jesús soportó la cruz por el gozo que tenía por delante. En nuestra vocación como madres estamos dispuestas a sufrir estas diversas pérdidas con la esperanza de la gloria porque Jesús–el *Siervo Sufriente*–es el autor de la salvación que disfrutamos.

Nuestra voluntad de sacrificar nuestros deseos y necesidades por el bien de nuestros hijos (cuando el mundo insistiría en que nos bajáramos del altar y nos negáramos a entregar nuestras vidas) es nuestro testimonio de confianza en nuestro poderoso Dios para que nos conduzca a través de la muerte del yo y de la propia muerte a la gloria.

10

LOS DOLORES DE PARTO DE LA MUERTE

"Hombres de Israel, escuchen estas palabras: Jesús el Nazareno, varón confirmado por Dios entre ustedes con milagros, prodigios y señales que Dios hizo en medio de ustedes a través de Él, tal como ustedes mismos saben. Este fue entregado por el plan predeterminado y el previo conocimiento de Dios, y ustedes lo clavaron en una cruz por manos de impíos y lo mataron. Pero Dios lo resucitó, poniendo fin a la agonía de la muerte, puesto que no era posible que Él quedara bajo el dominio de ella".
Hechos 2:22-24

Este es el anuncio que una madre que tiembla de dolor en el parto puede pronunciar y hacer que todos los demás tiemblen de expectativa: "¡Ya viene el bebé!"

En este punto del proceso de parto, los minutos y horas iniciales de contracciones (por muy cortas o largas que hayan sido) han dado paso a lo que se denomina fase de transición. En circunstancias comunes, esta fase es bastante intensa para todos los implicados. Los profesionales médicos presentes pueden ocuparse de prepararse. Los colaboradores se encuentran animando: "¡Puja!". Una vez oí a una partera aconsejar a un futuro padre durante este periodo: "No te preocupes por lo que diga [la madre], es el parto el que habla". A un empujón del nacimiento de uno de mis hijos anuncié que estaba cansada de dar a luz y que, por favor, me disculpara porque ya me iba.

Al leer la Biblia, y todas las menciones de los "dolores de parto" empiezan a saltar a la vista: la roca de Meribah, los enemigos de Dios, Israel, la cruz, la creación, Pablo y la plantación de iglesias, la propia muerte y uno empieza a preguntarse quién o qué no se describe con la metáfora del dolor de nacimiento.

Cuando llegó la hora de que Jesús fuera a la cruz, él lo sabía. Sabemos que Jesús no ignoraba la hora porque, como dice Pedro, Jesús fue entregado según el plan definitivo y la presciencia de Dios. Lo sabía porque su Padre lo planeó desde la eternidad pasada y él estuvo de acuerdo con ello. La hora que venía para Jesús era la hora del juicio de Dios por nuestro pecado. Jesús había dicho una semana antes: "Ahora Mi alma se ha angustiado; y ¿qué diré: "Padre, sálvame de esta hora"? Pero para esto he llegado a esta hora" (Juan 12:27).

La noche en que se dejó llevar por una turba hacia una serie de juicios injustos y su inminente crucifixión, el Hombre que diseñó el nacimiento utilizó el lenguaje del parto para describir la naturaleza de la alegría de la resurrección: "Cuando la mujer está para dar a luz, tiene aflicción, porque ha llegado su hora; pero cuando da a luz al niño, ya no se acuerda de la angustia, por la alegría de que un niño haya nacido en el mundo" (Juan 16:21).

Un pastor convertido en rey escribió una vez sobre un momento en que Yahvé lo liberó. Aproximadamente doscientos años antes de Jesús, la traducción griega del Salmo 18:4 dice: "Los lazos de la muerte me cercaron" Qué pensamiento tan curioso. David reafirma lo que quiere decir en otras frases como "torrentes de destrucción" (v. 4) y "lazos de muerte" (v. 5). Verás, en realidad no es que la muerte experimentara el dolor del nacimiento, sino que el dolor del nacimiento aquí llevaría a la muerte de David, al igual que los "torrentes" y las "trampas" llevarían a su destrucción. Yahvé libró a David de la muerte en ese momento y David vivió para escribir el Salmo 18.

Luego, cientos de años más tarde, un pescador convertido en apóstol se paró en el complejo del templo y usó esa frase, argumentando que Yahvé resucitó al Mesías al soltar los dolores de parto de la muerte. Jesús había sido crucificado por nuestro pecado; fue Cristo y no otro quien llevó nuestro juicio y murió físicamente en nuestro lugar. Pedro fue testigo de primera mano del hecho de que Jesús murió físicamente. Cuando Jesús se sometió a la ira de Dios contra nuestro pecado en la cruz, fue abandonado por Dios, su corazón dejó de latir y su actividad cerebral se detuvo. Jesús murió realmente y Pedro también fue testigo de primera mano del hecho de que Jesús resucitara físicamente de entre los muertos. Los dolores de parto de la muerte produjeron la muerte en la cruz, pero no fue posible que el Justo fuera retenido por la muerte. Tres días después, Dios desató los dolores de parto de la muerte y resucitó a Jesús. ¡Jesús realmente resucitó de entre los muertos!

REVENTAR LOS DOLORES DE PARTO DE LA MUERTE

Nadie le quitó la vida a Jesús: él la puso. Una noche, a la hora de acostarse, mi hijo, que está en el jardín de infancia, preguntó: "¿Sabía Jesús que la cruz iba a funcionar o lo adivinó?". Sí, Jesús lo sabía—siempre lo supo porque siempre fue el plan de Dios. Amiga, ¡créelo!

Nunca existió la posibilidad de que Jesús permaneciera sepultado en esa tumba. Jesús fue a la cruz totalmente a propósito con la resurrección en mente, no sólo con la aprobación y bendición de su Padre sino por su voluntad: "Nadie me la quita, sino que Yo la doy de Mi propia voluntad. Tengo autoridad para darla, y tengo autoridad para tomarla de nuevo. Este mandamiento recibí de Mi Padre»" (Juan 10:18).

Cuando Pedro argumentó en su sermón de Pentecostés que Cristo había atravesado el dolor de parto de la muerte hacia la vida de la resurrección, la implicación era clara: Jesús sacó nuestra carne humana de la tumba y la llevó a la vida inmortal, lo que le convirtió en el primer hombre ("primogénito") de la nueva creación. Dado que las cuerdas de la muerte no pudieron retener a nuestro Salvador, eso significa que los que están en él también resucitarán de entre los muertos.

Puesto que Jesús ha resucitado de entre los muertos, podemos confiar en él mientras caminamos por los valles donde las sombras de la muerte juegan en la pared. Con la muerte, Jesús destruyó al diablo, el que tiene el poder de la muerte. Cristo resucitado dice: "Cuando lo vi, caí como muerto a Sus pies. Y Él puso Su mano derecha sobre mí, diciendo: «No temas, Yo soy el Primero y el Último, y el que vive, y estuve muerto. Pero ahora estoy vivo por los siglos de los siglos, y tengo las llaves de la muerte y del Hades" (Ap. 1:17-18).

Por esta razón, no nos afligimos como si no tuviéramos esperanza aunque una mujer o un niño sean vencidos por la muerte en el proceso del parto. Nos afligimos profundamente, pero no nos afligimos como los que no tienen esperanza porque se acerca el día en que Aquel que venció los dolores de la muerte volverá a dar vida a los que se han dormido. No nos dejará ni a nosotros ni a nuestros seres queridos en la tumba (1 Tes. 4:13-14).

Jesús ha resucitado de entre los muertos, y la vida de la nueva creación está brotando de las cenizas en todos los rincones oscuros del planeta. La alegría aparentemente insuperable de la espera del nacimiento de un bebé o de la llegada a casa será rápidamente superada cuando veamos la culminación de varias labores (Jesús construyendo su iglesia, Dios redimiendo la creación, el fruto del Espíritu llevado a cabo a través de nosotros) en la nueva creación. Todos nuestros gemidos terminarán cuando finalmente veamos lo que hemos estado esperando, cuando la consumación de la restauración prometida por Dios estalle en su totalidad. Hasta ese día, temblamos de esperanza.

11

LA MUERTE DE JESÚS ENGENDRA UNA DESCENDENCIA ESPIRITUAL

"«Grita de júbilo, oh estéril, la que no ha dado a luz; prorrumpe en gritos de júbilo y clama en alta voz, la que no ha estado de parto; porque son más los hijos de la desolada que los hijos de la casada», dice el Señor". **Isaías 54:1**

"Por tanto, sepan que los que son de fe, estos son hijos de Abrahamo." **Gálatas 3:7**

¿No recuerdas en dónde pusiste la taza de té esta mañana? ¿No sabes lo que querías comprobar cuando diste clic en la aplicación de calendario? ¿No estás segura de quién te pidió que hicieras algo... o si ya has leído este capítulo? Amiga, si estás experimentando el fenómeno conocido como "cerebro de mamá", entonces apreciarás esta oración de Jonathan Edwards. Él oró simplemente: "Señor, estampa la eternidad en mis ojos". Con o sin cerebro de mamá, todas necesitamos recordatorios para pensar en nuestras vidas a la luz de la eternidad.

Pensar profundamente en la presciencia y predestinación de Dios es uno de esos lentes que enfocan la eternidad. No importa si ya estás acostumbrada a ver las cosas desde este punto de vista ya que la Palabra de Dios es un corrector de perspectiva de talla única.

Hablando de previsión y planes, me doy cuenta de que existe la posibilidad de que quizás no hayas planeado este bebé o el momento o las circunstancias que rodean al niño. Tal vez todo vaya exactamente como lo habías planeado, tal vez te sientas feliz ajustando la visión que tenías para tu vida y tu familia, o tal vez estés realmente luchando. Amiga, estás bien acompañada; todas necesitamos ayuda para mantener nuestra esperanza en donde debe estar.

PATERNIDAD PLANIFICADA ANTES DE TIEMPO

Mientras que vemos las cosas desde nuestro punto de vista limitado en el tiempo y en el espacio en un momento dado, Dios puede ver toda la historia (que ha planeado) expuesta ante él siempre. Por eso me encanta pensar en la presciencia y la predestinación de Dios en relación con el tema que nos ocupa: el embarazo, el parto y la maternidad.

¿Te encuentras agotada por los rigores del embarazo y la maternidad? Amiga, el pasaje que meditamos hoy te dejará sin aliento. Isaías 54 es una imagen de la intención nunca cambiada de Dios de llenar la tierra con su gloria a través de su Hijo. El poder con el que siempre se propuso lograr esto es su evangelio.

Ya hemos señalado que la procreación biológica fue necesaria para el cumplimiento del mandato de la creación en Génesis 1:28. Al recorrer la Biblia, debemos saber que todo apunta a Jesús. Isaías nos muestra cómo el encargo de "llenar la tierra" se cumple en "el Siervo", es decir, en Jesús. Isaías profetizó la muerte del Siervo que marcaría un cambio cataclísmico en la historia de la salvación y sería el medio por el que llenaría la tierra con la gloria de Dios.

El Siervo expía los pecados de su pueblo, cargando con sus penas y sufrimientos. Es herido y aplastado no por su propio pecado, sino para sanar a los pecadores. Su carga de pecado haría justos a los culpables y limpios a los impuros. Pero sus sufrimientos no serían el fin para él. Mientras que el estropeado, rechazado y oprimido fue arrebatado por el juicio, su victoria es vista por todos ya que "verá a su descendencia", es "alto y elevado y será exaltado", y recibe "el despojo con los fuertes" (Isa. 52:13; 53:10-12). La culminación del sufrimiento es la muerte, pero el Siervo es reivindicado en todos los sentidos. Los sufrimientos de Jesús son, en realidad, el medio por el que engendra descendencia. La cruz es el lugar donde su victoria se comparte con la multitud de todas las naciones.

Volvamos a Isaías 54:1. La "estéril" aquí es Sara, la esposa de Abraham, y esta profecía se refiere a la promesa que Dios hizo a Abraham. En concreto, la promesa incluía hacer de Abraham una gran nación y una bendición para todas las familias de la tierra. Sara era estéril, pero creyó que Dios era fiel a la promesa que le hizo a Abraham. Por la fe, recibió el poder de concebir mucho después de que su "reloj biológico" dijera que el tiempo había terminado (Heb. 11:11).

Así que, con la bendición de Abraham en mente, la profecía de Isaías 54 decía al pueblo que Dios cumpliría su promesa a Abraham. Israel sería restaurado de su actual cautiverio y algo sin precedentes estaba a la vuelta de la esquina, a saber, "los hijos de la desolada serán más que los hijos de la casada".

¿INCONCEBIBLE?

Pablo explica en términos sencillos que Jesús es la verdadera semilla de Abraham. En Jesús, todas las naciones de la tierra son bendecidas al estar incluidas en Él por la fe. "Ahora bien, las promesas fueron hechas a Abraham y a su descendencia. No dice: «y a las descendencias», como refiriéndose a muchas, sino más bien a una: «y a tu descendencia», es decir, a Cristo" (Gal. 3:16).

"El padre Abraham tuvo muchos hijos", como dice la canción, pero hay un Hijo cuyos hijos poblarán más que las estrellas que centellean en el cielo. Por gracia, a través de la fe, estamos entre esos hijos. Dios salvó a Abraham contando su fe como justicia para que todos los que se contaran entre la descendencia de Abraham fueran hijos sólo por la fe (ver Rom. 4:1-12 y Gal. 3:7-9).

Somos hijos "consanguíneos" de Abraham por la sangre de Jesús, derramada por nosotros en la cruz. Jesús es el cumplimiento de esta profecía de descendencia. Por su muerte y resurrección, él es el primero en vivir Isaías 54:1 y ahora, por su Espíritu está multiplicando "herederos según la promesa" (Gal. 3:29).

Donde todos los demás fracasaron en el cumplimiento del mandato de la creación, Isaías 54 nos enseña que Dios está cumpliendo sus promesas a través del Rey del tiempo final del Israel espiritual.

Jesús es el único que podía hacerlo. Sabemos que a causa de su pecado, Adán quedó imposibilitado espiritualmente para llevar a cabo la procreación espiritual de extender la gloria de Dios por todo el mundo. A causa de su pecado, Adán necesitó un Redentor que lo liberara de su pecado y a todos sus hijos de su pecado. La historia de la humanidad no terminó ni terminará en un miserable fracaso porque el último Adán conoció y creó al primer Adán y triunfaría donde el primero había fracasado. ¿Qué tal un pensamiento de perspectiva eterna para la tarde?

¿No es una excelente maravilla que el Señor utilice la terminología del parto para enseñarnos lo que significa ser parte de su creación en Cristo? "Ensancha el lugar de tu tienda… porque te extenderás a derecha e izquierda" (Isa. 54:2-3) dirige nuestra mirada a Jesús, que nos dio este encargo antes de ascender de nuevo al cielo: "Vayan, pues, y hagan discípulos de todas las naciones" (Mt. 28:19).

Todo se puso al revés en la Pascua. El mismo Espíritu de Dios que resucitó a Jesús de la muerte a la vida está haciendo que la descendencia del Hijo de la estéril–hombres, mujeres y niños de todas las tribus–nazca de nuevo a una esperanza viva.

12

DOLOR DE PARTO DESPUÉS DE DAR A LUZ PARA CRIAR DISCÍPULOS ESPIRITUALES

"Hijos míos, por quienes de nuevo sufro dolores de parto hasta que Cristo sea formado en ustedes". **Gálatas 4:19**

Jesús se lleva el mérito de haberle dado la idea a Nayana. Nuestros hijos estaban en la misma clase de preescolar ese año, pero no nos habíamos conocido hasta que la maestra nos puso en contacto. Impulsada por el Señor, Nayana había planteado este tema a la maestra: conversaciones espirituales con los niños e impulsada por el Señor, la maestra nos presentó a Nayana y a mí. Pronto nos reunimos para tomar un café en un parque infantil mientras mi hijo caminaba. Me sentí reconfortada al escuchar el testimonio de Nayana y mi corazón saltó cuando describió cómo estaba enseñando a sus hijas sobre Jesús. "Si he pasado tanto tiempo esperando tener una amiga para hablar de estas cosas", razonó, "entonces, ¿cuántas madres más están en la misma situación?". Estuve de acuerdo.

Ahora, desde hace unos años, un pequeño grupo de madres se reúne en el salón de mi casa para leer la Biblia y orar unas por otras, por nuestros hijos y por la comunidad. El Señor ha unido tanto nuestros corazones que cuando oramos por los hijos de las demás es como si estuviéramos orando angustiosamente por nuestros propios hijos. La semana pasada una madre compartió una actualización sobre su hijo en edad universitaria y otra madre estaba radiante cuando exclamó: "¡Oh, simplemente lo amo!". Más tarde, otra madre intervino mientras otra madre pedía que se orara por su hijo en edad universitaria: "Todavía no lo conozco, pero también lo quiero". Mi alma se anima cada semana en esta reunión de madres que se alegran con las madres y que se alegran y lloran también con las madres que lloran.

Es más fácil seguir adelante en la crianza de los hijos cuando se cuenta con madres afines que te acompañan. Si nuestro trabajo en la crianza de nuestros hijos fuera sólo una cuestión de cambiar pañales y preparar la comida, podríamos simplemente contratar personal para el trabajo doméstico y la carga se aliviaría. A veces hablamos así, pero ¿es realmente todo lo que necesitamos, unas manos adicionales, para ayudar? Hay mucho más en nuestro trabajo de madre de lo que parece. Nuestra esperanza no es simplemente que nuestros hijos sean alimentados, vestidos y educados, sino que nuestro deseo es que sean alimentados por la Palabra de Dios, vestidos con la justicia de Cristo y enseñados a temer al Señor. Incluso después de dar a luz, todavía estamos de parto.

EL CONTINUO RETORCIMIENTO DE HACER DISCÍPULOS

Pablo hablaba de su ministerio a los gálatas como de un dolor de parto para ver a Cristo formado en ellos. Se sacrificó y sufrió para ver a los gálatas crecer en la madurez espiritual. De manera similar, nuestro objetivo es que nuestros hijos sean hijos de Dios, y debemos presionar diariamente para ver a Cristo formado en nuestros hijos. Trabajar por nuestros hijos no terminó cuando nacieron.

El lenguaje del parto que Pablo utiliza aquí nos da la imagen de la agonía espiritual. Las contracciones dolorosas son continuas hasta que se produce el nacimiento. Se dirige a ellos como "mis hijos pequeños", no mis hijos no nacidos que todavía tienen que nacer de nuevo, sino mis hijos pequeños. Estos discípulos de Jesús ya habían nacido de nuevo, pero Pablo se siente como si estuviera de nuevo angustiado por su nacimiento mientras combate la peligrosa falsa enseñanza. El hecho de que emplee términos tan dramáticos no es una exageración del caso que nos ocupa porque la vida y la muerte eternas están realmente en juego.

Aunque Pablo trabaje por ellos hasta su propia muerte, ¿puede Pablo salvar finalmente a estas personas? No, es la muerte de Jesús la que produce la descendencia espiritual. Pablo lo sabe bien pues es el

Evangelio que predica claramente. Su labor, entonces, es su vida sacrificial de sufrimiento para ver a los gálatas crecer hasta la madurez. Entonces, ¿podemos nosotras, como madres, salvar a nuestros hijos con nuestros trabajos? ¿Y si damos nuestro propio cuerpo, como han hecho muchas madres a lo largo de los años, para que nuestro hijo viva? ¿Será suficiente este último sacrificio?

LA FORMACIÓN ESPIRITUAL ES UN PROYECTO COMUNITARIO

Quizá te resulte familiar la promesa de Dios en Romanos 8:28: "Y sabemos que para los que aman a Dios todas las cosas cooperan para bien, para los que son llamados conforme a su propósito".

¡Qué pensamiento tan increíble! Agarra esta verdad y aférrate a ella con fuerza: mantendrá tu corazón firme cuando te preguntes si "todas las cosas" incluyen las que estás enfrentando actualmente o las que algún día enfrentarás y en tu aferramiento a la promesa. No olvides el propósito: el propósito de Dios por el que está trabajando que está ahí en el siguiente versículo: "Porque a los que de antemano conoció, también los predestinó a ser conforme a la imagen de Su Hijo, para que Él Sea el primogénito entre muchos hermanos" (Rom. 8:29).

Si somos honestos con nosotros mismos, admitimos que queremos nuestro propio plan de santificación hecho a medida, elegido a dedo (para nosotros y para nuestros hijos). Estamos dispuestas a identificar una o dos áreas de nuestras vidas que todavía tienen que ser conformadas a Cristo. Estamos dispuestas a conformarnos con algunas pruebas de fe (pero no demasiado fuertes), muchas relaciones edificantes (pero no demasiado intensas) y tal vez, incluso, una espina humillante en la carne (pero no demasiado profunda o aguda). Sin embargo, Dios busca la transformación completa de sus hijos y alabado sea el Señor porque no se detendrá hasta que seamos conformados a la imagen de su Hijo.

Dios busca una descendencia piadosa porque Jesús está destinado a ser el primogénito entre muchos hermanos que amen como él ama, piensen como él piensa y sirvan como él sirve. Esta es la meta de Dios para ti, querida hermana cristiana, y para todos los que él ha predestinado. La Iglesia es una gran familia de hermanos y hermanas. Estamos vivas junto con Cristo, incluso cuando morimos a nosotras mismas cada día y un día seremos resucitadas físicamente de la muerte así como Jesús lo fue. Nuestro Padre celestial ha designado con amor para nosotros la forma en que lleva a cabo esta conformación del carácter en cada una de nuestras vidas. Nuestro lugar no es criticarlo sino someternos a Él con gratitud.

¡Y lo hacemos en conjunto! La madurez es un sinónimo que Pablo utiliza para el objetivo final de la vida cristiana (Ef. 4:13). No se trata de un hombre individual que crece en la masculinidad sino de la nueva humanidad ("todos nosotros") que un día alcanzará la estatura de la plenitud de Cristo. Eso es lo que Pablo quiere para la iglesia: Cristo formado en nosotros. Por gracia nos aferramos al Evangelio cada día y por gracia también sostenemos este mismo Evangelio a nuestros hijos. Es el ritmo de la vida cristiana: cada día tocamos ese tambor y vivimos de acuerdo a él por la fe. El discipulado es una labor dolorosa–tanto para nosotros como para las mujeres que nos discipular y hacen discípulos junto a nosotros–pero sabemos que esta verdad es digna de confianza y que merece plena aceptación: Cristo Jesús vino al mundo para salvar a los pecadores, de los cuales yo soy el primero (1 Tim. 1:15).

13

PONER EL DOLOR EN SU SITIO

"Por tanto no desfallecemos, antes bien, aunque nuestro hombre exterior va decayendo, sin embargo nuestro hombre interior se renueva de día en día. Pues esta aflicción leve y pasajera nos produce un eterno peso de gloria que sobrepasa toda comparación, al no poner nuestra vista en las cosas que se ven, sino en las que no se ven. Porque las cosas que se ven son temporales, pero las que no se ven son eternas". **2 Corintios 4:16-18**

Es muy fácil revolcarse en la miseria. A nadie le gusta la miseria en sí misma, pero otra cosa es que alguien se dé cuenta de tus miserables circunstancias, ¿cierto? A veces, basta con una palabra de compasión. Alguien dice: "Debe de ser muy duro para ti", y movemos la cabeza como el burro melancólico de los clásicos libros infantiles de A. A. Milne. *Gracias por avisar. Podría ser peor. No sé cómo, pero podría serlo.* Un comentario bien intencionado y enfocado hacia el exterior de un amigo es distorsionado por nuestro corazón egocéntrico como una afirmación de que, efectivamente, estamos siendo despreciados por el universo.

Me sorprendo a mí misma haciendo esto y lo odio. Lo que alguien quiere decir como una bendición o una mera observación–"Tienes las manos llenas con tus hijos"–se transforma en mi corazón en un complejo de mártir de mamá. *Mmhmm, predica, hermana. Me estoy rompiendo la espalda aquí, y ya es hora de que alguien se dé cuenta.* Oh, amiga, ¿qué hay en nuestro trabajo de crianza que ponga a prueba nuestros corazones de esta manera? Es un servicio que (mayormente) amamos hacer en beneficio de las personas que (imperfectamente) amamos. Entonces, ¿por qué es tan difícil ser madre de otros con corazones firmes y llenos de amor?

EN BUSCA DE LA VERDADERA ESPERANZA

Si sientes esta tensión, ¡alabado sea el Señor! Es una gracia darse cuenta de que necesitas gracia para tu maternidad y levantarte cada día diciendo: "Señor, no puedo hacer esto sin ti". Es difícil criar a nuestros hijos y no perder el ánimo porque la vida en un mundo caído es dura. Nuestras vidas están repletas de dificultades de diversa índole. La falsa esperanza es como usar pasta de dientes para tapar un agujero en la pared. Es un pobre relleno para esa cavidad, y todo lo que obtienes al final es una colonia de hormigas con aliento a menta. Esta es una ilustración tonta, pero es una fracción de lo tontos que parecemos cuando tapamos nuestra necesidad de esperanza duradera con soluciones que no duran.

Esto ya se ha discutido brevemente, pero vale la pena repetirlo aquí: nuestro dolor no es meritorio. Usar el dolor como un pedestal para aumentar nuestro ego es una de esas soluciones de falsa esperanza que no duran. Cuando el dolor construye nuestro orgullo, entonces el diagnóstico es que tenemos un problema de corazón y el Evangelio es la cura. El Hijo de Dios soportó la ira de su Padre y desangró su corazón en la cruz para que pudiéramos ser liberados de la esclavitud del pecado.

Cuando dejamos de construir nuestros pedestales de gloria materna (y dejamos de mirar de reojo a otras madres), podemos dirigir nuestra atención a otro lugar por completo. Los corazones vacilantes sólo encuentran una esperanza duradera cuando miran a Cristo.

En nuestro pasaje anterior, Pablo presenta una dicotomía de enfoque: lo que se ve y lo que no se ve. Ahora bien, si hay alguien en el mundo cuya vida diaria está llena de cosas "vistas" son las madres. (Recuerda: ¡esto no es forro para nuestro complejo de mártir de mamá!) Te sorprende una despensa vacía y te conviertes en fiscal cuando la siguiente persona entra en la cocina. Ves el montón de ropa sucia por lavar a punto de estallar con mezclas de algodón y se te ocurre que tu familia está intentando enterrarte. Ves la luz de la mañana asomando por debajo de las cortinas y ya has tenido suficiente. Estas pueden ser exageraciones de nuestras respuestas a lo que se ve (o pueden no serlo). Entonces, ¿cómo podemos mantener nuestro enfoque en Cristo mientras nuestro ser exterior se está consumiendo a una velocidad vertiginosa?

AL OTRO LADO DEL GEMIDO

Pablo quiere que veamos la conexión entre lo que vemos delante de nosotros y lo que realmente buscamos: la esperanza de gloria (aún) invisible. Hablaremos más de este pasaje en el próximo capítulo, pero es bueno empezar a pensar en él desde ahora: "Pues sabemos que la creación entera gime y sufre hasta ahora dolores de parto. Y no solo ella, sino que también nosotros mismos, que tenemos las primicias del Espíritu, aun nosotros mismos gemimos en nuestro interior, aguardando ansiosamente la adopción como hijos, la redención de nuestro cuerpo" (Rom. 8:22-23).

Amiga, imagínatelo. Pablo está diciendo que una madre en pleno parto nos ayuda a comprender que nuestro sufrimiento en esta vida es muy superior a la alegría que experimentaremos en la resurrección. Todo lo que se ve–sudor, lágrimas, incertidumbre, anticipación, dolor, llanto–da paso a lo que no se ve: el profundo alivio y la alegría que se siente cuando todo el mundo oye el sonido de un bebé que llora. Sea o no consciente de ello, una madre de parto es una imagen de esperanza escatológica. Persevera a través de contracción tras contracción con resistencia por lo que sucede después del parto: el nacimiento. Una de mis amigas dijo: "No voy a programar mi cesárea porque parece una forma divertida de pasar un viernes. Sólo quiero abrazar a mi dulce bebé".

Dios no ordena nuestro dolor para que podamos darnos una palmadita en la espalda. Las luchas por la fertilidad, el estrés matrimonial, el embarazo y el parto, las complicaciones de la adopción, la lucha de ser una pecadora que está criando pecadores en un mundo caído, incluso cuando nuestros ojos están borrosos por las lágrimas, vemos con ojos de fe que Dios ha dispuesto nuestro sufrimiento para producir un resultado incomparablemente glorioso. Cuando sufrimos una aflicción leve y momentánea en nuestra maternidad, entonces la vemos como lo que es: un recordatorio para mirar lo que no se ve. El nacimiento no tiene que ver con nosotros sino con Dios.

¿Estás luchando por no desfallecer hoy? ¡Anímate! Es tan fácil ceder y obsesionarse con el exterior que se está consumiendo. Nos contentamos con cavar, investigar, entrevistar y buscar soluciones a la decadencia transitoria que nos rodea. Nos ocupamos de lo transitorio, pero no nos volcamos en ello. Obsesionémonos con lo que nos va a obsesionar dentro de treinta millones de años: la gloria de Jesús. Esa es la esperanza real. Y sabemos que es real porque nuestro interior se renueva día a día.

14

TODA LA CREACIÓN EN LA AGONÍA DEL PARTO

"Porque se levantará nación contra nación, y reino contra reino, y en diferentes lugares habrá hambre y terremotos. Pero todo esto es solo el comienzo de dolores". **Mateo 24:7-8**

"Pues sabemos que la creación entera gime y sufre hasta ahora dolores de parto. Y no solo ella, sino que también nosotros mismos, que tenemos las primicias del Espíritu, aun nosotros mismos gemimos en nuestro interior, aguardando ansiosamente la adopción como hijos, la redención de nuestro cuerpo. Porque en esperanza hemos sido salvados, pero la esperanza que se ve no es esperanza, pues, ¿por qué esperar lo que uno ve? Pero si esperamos lo que no vemos, con paciencia lo aguardamos". **Romanos 8:22-25**

Quizás hayas visto en Internet vídeos de hombres que se someten voluntariamente a simulaciones de dolor de parto. Al principio de uno de esos vídeos se ve a dos hombres riendo, y al final del experimento están doblados, llorando. Si los hombres con dolor de parto es una idea que suena peculiar, ¿qué tal el universo?

Como vimos en el capítulo anterior, nuestro sufrimiento en esta época presente nos produce una gloria futura pero hay más en la metáfora del parto. Por curioso que parezca pensar en ello, en un sentido muy real, toda la creación está siendo actualmente estrangulada por el implacable dolor del parto. Toda la creación desde la hueste estelar del cielo nocturno hasta el núcleo metálico de la tierra. Naciones, reinos, hambrunas, terremotos y no sólo la antigua creación gime, sino también nosotros, que tenemos el primer don de la nueva creación: el Espíritu Santo. Junto con la creación estamos gimiendo en los dolores de un particular tipo de parto.

Es bueno de vez en cuando dar un paso atrás y recordar que todas estas referencias bíblicas al parto nos señalan a Dios. No es que Dios se haya limitado a tomar nota de la actividad humana del parto y haya reaccionado espontáneamente ante ella como un buen maestro. No se ha limitado a convertir el nacimiento humano en una lección objetiva para hablar creativamente en nuestras vidas sobre Él mismo. Más bien, Dios es el Creador que ha diseñado sabiamente todas las cosas, y nosotros estamos hechos a su imagen. Nuestro dolor de nacimiento es como el de Dios, no al revés (recuerda el capítulo 7).

Nada es fortuito en la creación de Dios: creó todas las cosas para darle gloria. Peces cubiertos de huellas de leopardo que se deslizan por el fondo del océano. Plantas que crecen sobre otras plantas que crecen sobre otras plantas. Nubes que se materializan en el horizonte y se mueven con el viento. Portadores de imágenes del Dios trino que se arrastran, caminan, ruedan, vuelan, son transportados por el planeta, se multiplican, construyen, diseñan, resuelven problemas, sueñan, aman. Vemos los atributos invisibles de Dios en las cosas que ha hecho, y la única respuesta correcta es adorarle. Jesús nos ha incluido en su historia, y ha diseñado el nacimiento para glorificarse a sí mismo.

LA PRESENCIA DEL ESPÍRITU INDUCE NUESTRO GEMIDO

La Biblia contiene muchos ejemplos de metáforas sobre el parto para enseñarnos acerca de Dios. En pasajes anteriores aprendimos que toda la creación está experimentando la agonía del dolor del nacimiento mientras espera su renovación definitiva al final de los tiempos. El dolor del nacimiento es una imagen de cómo el cristiano espera la gloria final.

La tierra realmente está bajo maldición, pero realmente será redimida y hecha nueva. La historia realmente va a alguna parte y las cosas aún no son como van a ser para siempre. El dolor de la vida en este mundo caído no es un falso trabajo. Lo más difícil, quizás, es darse cuenta de que la fase de transición podría durar muchos más milenios hasta el regreso del Señor. (O podría volver mañana, y los dolores de parto se transformarán en un regocijo exultante cuando la nueva creación llegue a su plenitud). Las personas de toda tribu y lengua que tienen el Espíritu Santo son la nueva creación, y su presencia en el mundo facilita nuestro llanto escatológico.

El Espíritu es el "primer regalo" o las "primicias" porque es dado para ser el anticipo de nuestra herencia de nuestro Padre (Ef. 1:14). Si eres un creyente en Jesús, es el Espíritu quien te ha despertado de la muerte y te está guiando mientras lloras hasta la revelación de todos los hijos de Dios en la gloria. El Espíritu te fue dado para ayudarte a discernir el bien y el mal, para mantener tu mente saturada de pensamientos sobre la eternidad, para compartir contigo su certeza del inminente regreso de Cristo y para guiarte en la libertad del pecado que Jesús compró para ti. Te enseña a orar: "¡Abba Padre!" y mantiene tu corazón firme cuando los dolores de parto de la creación y tus propios llantos te hacen querer rendirte. El Espíritu está contigo en tu dolor, consolándote con la paz de Cristo que sobrepasa todo entendimiento. Jesús está contigo. Él vendrá pronto. Entonces, ¡siempre estaremos con el Señor! No descuides el impulso facilitado por el Espíritu de clamar por el regreso de Cristo.

Y para quien todavía está considerando los clamores de Cristo, agradece a Dios por la compasión que te está mostrando mientras su Espíritu hace pacientemente su trabajo. Es el Espíritu quien te está convenciendo de tu pecado ante un Dios santo. El Espíritu está atestiguando la justicia de Cristo para que puedas verlo como lo que realmente es. Él presiona en tu corazón y en tu mente la urgencia de tu necesidad de salvación de tu pecado ante el juicio que se avecina. Escucha la invitación del Espíritu y de la iglesia, llamada "la esposa de Cristo": "El Espíritu y la esposa dicen: «Ven». Y el que oye, diga: «Ven». Y el que tiene sed, venga; y el que desee, que tome gratuitamente del agua de la vida" (Ap. 22:17). Tienes mucha sed, amiga, y sabes que todos los pozos de este mundo están agrietados, con fugas y contaminados. ¿Vendrás a beber del Señor, que es una fuente de agua viva? ¿Cambiarías ahora mismo tu confianza en las cosas que ves por una esperanza que no te defraudará?

Tal vez sepas lo que se siente al dar a luz a un bebé fuera de tu cuerpo físico o tal vez no. Tal vez sea algo que anhelas o no. El fenómeno del dolor del nacimiento nos señala a todos–a todos–a considerar profundamente la imagen que Dios nos ha dado. Es una imagen de lo que supone esperar con dolor una redención que aún no puedes ver. Él nos ama, y quiere que sepamos sin lugar a dudas que la fe dará paso a la vista. La labor de Dios sobre la creación y sus hijos no se detendrá: terminará lo que empezó. Mi esperanza es que todos nos encontremos entre los que aman el día de la venida de Cristo y lo esperan con un corazón paciente y lleno de fe, incluso mientras lloramos en este mundo.

15

CONCEBIDO EN PECADO Y SALVADO POR LA GRACIA

"Porque yo reconozco mis transgresiones, y mi pecado está siempre delante de mí. Contra ti, contra ti solo he pecado, y he hecho lo malo delante de tus ojos, de manera que eres justo cuando hablas, y sin reproche cuando juzgas. Yo nací en iniquidad, y en pecado me concibió mi madre". **Salmo 51:3-5**

¿Sabes lo que hizo David? Los graves pecados que cometió están registrados en las Escrituras para que todos los lean (ver 2 Samuel 11). La codicia, la lujuria, el adulterio, el robo, la mentira y el asesinato por encargo. En el pasaje anterior, David no sólo se arrepiente de estos pecados, sino que reconoce la raíz de su pecado y pide misericordia.

"En pecado me concibió mi madre". No, no está culpando a su madre y a su padre sino que está aceptando la culpa personal por sus pecados. David está confesando que por ser parte de la raza humana, ha sido un pecador desde su concepción. David se remonta a sus primeros padres: Adán y Eva. Adán, la cabeza representativa de la humanidad falló y pecó contra Dios, lo que explica por qué nació así: perdido, sin remedio y muerto en su pecado. El problema de David es también nuestro problema. Es mi problema, tu problema y el de todos nuestros hijos. Nuestro pecado está siempre ante nosotros.

Me doy cuenta de que a estas alturas puede que no quieras leer más de este capítulo. Simplemente no te parece justo que un hombre haga algo y lleve a todos sus futuros hijos con él a la muerte. No parece justo. Espero que sigas leyendo y veas algo más que no fue "justo". Otro Hombre hizo algo y sacó a todos sus futuros hijos con él de la muerte.

¿PODEMOS VOLVER A HABLAR DEL JARDÍN?

El pecado de Adán en el árbol del jardín catapultó poderosamente a toda su descendencia a la oscura muerte. El pecado entró ilegalmente en la buena creación de Dios sin tener derecho y no ocurrió por accidente. Gracias a la desobediencia voluntaria de nuestro representante, toda la raza humana es culpable del pecado contra Dios. Las semillas del pecado están sembradas en nuestros corazones, heredadas de nuestros padres y transmitidas a nuestros hijos.

Es globalmente impopular creer que nacemos con esta naturaleza de pecado original, pero la Biblia lo enseña claramente. "Todos se han desviado, a una se han corrompido; no hay quien haga el bien, no hay ni siquiera uno" (Salmo 53:3). ¿Qué otra cosa puede explicar la universalidad y el alcance de nuestra depravación? "¿Quién puede decir: 'Yo he limpiado mi corazón, Limpio estoy de mi pecado'?" (Prov. 20:9). "Ciertamente no hay hombre justo en la tierra que haga el bien y nunca peque" (Ecles. 7:20). Nuestra capacidad de "aprender a pecar" a través de la crianza y el hábito no puede explicar el poder aplastante que el pecado tiene sobre toda la humanidad. Nuestra fuerza de voluntad no es débil, sino que ansía vorazmente lo que no es bueno. "¿Qué es el hombre, para que sea puro? ¿O el nacido de mujer para que sea justo?" (Job 15:14). Todos somos "por naturaleza hijos de ira, lo mismo que los demás" (Ef. 2:3).

Todos somos pecadores desde nuestra concepción que nacen en un proceso de muerte. Nacemos en este mundo espiritualmente muertos. Cada parte de nosotros se empeña en perseguir lo que Dios odia. Nuestros ojos absorben cosas que no debemos ver. Nuestros pies nos llevan a lugares que no deberíamos ir. Nuestros dedos escriben cosas que no deberíamos escribir. Nuestras bocas y las lenguas pronuncian lo que no deberíamos decir e incendian nuestras vidas. Nuestros corazones desesperadamente enfermos bombean todo tipo de injusticia.

Y luego, cuando nuestra conciencia culpable nos hace sufrir cada día, la ignoramos, la apaciguamos con alguna forma de religiosidad y nos justificamos. No somos simplemente productos de nuestro entorno que cometen pecados de forma espontánea o habitual. Somos pecadores. La pecaminosidad humana se extiende a todo nuestro ser. Dios es irreprochable cuando juzga. Contra Dios, sólo contra Dios, cada uno de nosotros ha pecado. Todos nosotros excepto uno.

SU MISERICORDIA ES MÁS

Seguramente ya saben lo que voy a decir ahora, pero ¿no vale la pena repetirlo una y otra vez? Este Evangelio es la banda sonora de nuestras vidas que se repite cada vez más fuerte. Necesitamos escucharlo todos los días al igual que nuestros hijos. ¿Por qué necesitamos el Evangelio? Porque no hay ninguna alternativa viable. Hay un solo Dios y un solo mediador entre Dios y los hombres, Cristo Jesús (1 Tim. 2:5).

Jesús es el último Adán, cuya obediencia en la cruz es mucho más poderosa que nuestro pecado y tiene un efecto mucho mayor: "Porque si por la transgresión de un hombre, por éste reinó la muerte, mucho más reinarán en vida por medio de un Hombre, Jesucristo, los que reciben la abundancia de la gracia y del don de la justicia" (Rom. 5:17).

Mucho más. ¡Mucho más! Sí, nuestro pecado hace estragos en nuestras vidas y causa la muerte, pero la gracia y la justicia de Jesús nos da mucho más de lo que nuestro pecado destruyó. La obediencia de Jesús en la cruz catapultó mucho más poderosamente a toda su simiente a la vida eterna. "Porque así como por la desobediencia de un solo hombre los muchos fueron hechos pecadores, así por la obediencia de un solo hombre los muchos serán constituidos justos" (Rom. 5:19). En Cristo somos esclavos de la justicia, estamos en guerra con nuestro pecado, renovamos nuestras mentes, aprobamos la ley de Dios, adoramos a nuestro Creador en espíritu y verdad, caminamos en buenas obras, discernimos la voluntad de Dios, recibimos la sabiduría de Dios, nos sometemos a la autoridad de Cristo, anhelamos amar a Dios con todo nuestro corazón y nos deleitamos en la verdadera libertad de ser quienes fuimos hechos para ser.

¡DISFRUTA DE ESTA ESPERANZA!

Querida lectora, ¿están tus pensamientos cruelmente gobernados por tus miedos? ¿Está tu corazón ansiosamente preocupado por evitar la vergüenza? ¿Tu conciencia culpable te saca en cara tus pecados? ¿Estás purificando tu alma con la religión de la esperanza de que desaparezca la muerte que te corroe por dentro? ¿Has recibido la gracia de Dios sólo para agradecerle que no seas como las "otras" madres? ¿Ves estas tendencias en la vida de tus hijos?

Cuando nuestros primeros padres pecaron en el jardín, fueron cautivados por la vergüenza y el miedo, se vieron culpables y trataron de esconderse del único que podía salvarlos, pero incluso cuando todavía eran pecadores, Dios los amó, los persiguió y los devolvió a una relación con él. Su evangelio nos da–y a nuestros hijos–esperanza.

Dios está revirtiendo la muerte espiritual mientras redime a hombres, mujeres y niños de todas las tribus del planeta para que salgan de esta vejez y entren en su nueva creación. Jesús está siendo fructífero y multiplicando su descendencia, llenando y bendiciendo el mundo. Por lo tanto, estos portadores de imágenes redimidos van y llevan el mensaje del Evangelio con ellos mientras dan testimonio a un mundo perdido. Cada día recuerdan la cruz y el precio que Dios pagó por su redención. Recuerdan que después de que Jesús fue crucificado y puesto en la tumba, resucitó de entre los muertos tres días después. La tumba está vacía. Esto significa que la tiranía de la muerte ha terminado y que se acerca el día en que la muerte física también será revertida.

¿Cómo se producirá este cambio? Nuestra condición pecaminosa es tan impotente que ni siquiera una segunda oportunidad con un nuevo comienzo serviría. Necesitamos nacer de nuevo.

16

DEBES NACER DE NUEVO

"Había un hombre de los fariseos, llamado Nicodemo, prominente entre los judíos. Este vino a Jesús de noche y le dijo: «Rabí, sabemos que has venido de Dios como maestro, porque nadie puede hacer las señales que Tú haces si Dios no está con él». Jesús le contestó: «En verdad te digo que el que no nace de nuevo no puede ver el reino de Dios». Nicodemo le dijo: «¿Cómo puede un hombre nacer siendo ya viejo? ¿Acaso puede entrar por segunda vez en el vientre de su madre y nacer?». Jesús respondió: «En verdad te digo que el que no nace de agua y del Espíritu no puede entrar en el reino de Dios. Lo que es nacido de la carne, carne es, y lo que es nacido del Espíritu, espíritu es. No te asombres de que te haya dicho: "Tienen que nacer de nuevo". El viento sopla por donde quiere, y oyes su sonido, pero no sabes de dónde viene ni adónde va; así es todo aquel que es nacido del Espíritu»". **Juan 3:1-8**

Me encantan los juegos de palabras. Una de mis ocasiones favoritas para hacer juegos de palabras es cuando me presento a un grupo de personas. En nuestro contexto diverso, es típico empezar con la procedencia, así que cuando me toca contribuir a la conversación digo: "Bueno, nací a una edad temprana [señal de risa y ojos volteados] en los Estados Unidos". En algunas ocasiones añado: "Pero nací de nuevo a los dieciocho años en Texas", y entonces veo cómo las personas levantan sus cejas y hacen preguntas.

Nacer de nuevo no es un juego de palabras, es una realidad espiritual. Ya hemos hablado en este libro de cómo Dios es el Creador de todo, incluyendo el parto. Qué asombrosamente alucinante es meditar en el hecho de que Dios ordenó todo desde la eternidad. Desde la Corriente de Australia Oriental hasta el deambular de los pueblos nómadas en el desierto de Gobi, todas las cosas provienen de Él, por Él y para Él. En cierto sentido, el parto es un fenómeno ordinario. Al fin y al cabo, el parto nos ha ocurrido a todos (¡a miles de millones de personas!). ¿Cuántas mujeres de todo el mundo están dando a luz mientras lees estas palabras? En otro sentido, el parto no tiene comparación. El triunfo de la vida sobre el dolor, la lucha e incluso la propia muerte nos llega al corazón.

En este pasaje, Jesús nos está enseñando a rastrear esas proverbiales partículas de polvo que danzan en el rayo de sol hasta el propio sol glorioso. Hay un sol gigantesco de realidad espiritual del que tenemos que ser conscientes, y Dios diseñó el parto para ayudar a abrir nuestros ojos para verlo.

LA RESPUESTA QUE TODOS NECESITAMOS A LA PREGUNTA QUE NO SABEMOS HACER

Aunque Nicodemo no lo vio venir, Jesús previó, planeó y orquestó su conversación nocturna sobre... el nacimiento. Imagínate. Estás dando un paseo nocturno y pasas por la casa de tu vecino. Las voces de los hombres resuenan en el patio mientras un hombre pregunta a otro: "¿Puede un hombre entrar por segunda vez en el vientre de su madre?". Puede que te sientas inclinada a detenerte y a escuchar esa conversación.

Gracias a la bondad de Dios, podemos escuchar esa conversación en el Evangelio de Juan. ¿Notaste que Nicodemo no hizo una pregunta explícita a Jesús? No obstante, Jesús le respondió con una respuesta–la respuesta–al mayor problema de Nicodemo. Debes nacer de nuevo. Es la solución singular y obligatoria al problema que todos tenemos y si el nuevo nacimiento es la respuesta, entonces el problema correspondiente es que no estamos vivos. "Y Él les dio vida a ustedes, que estaban muertos en sus delitos y pecados" (Ef. 2:1). No se puede estar más indefenso espiritualmente que muerto. Aparte del nuevo nacimiento, no eres una mujer que ande sobre las olas buscando un chaleco salvavidas; estás tan espiritualmente muerta como un cadáver en el fondo del océano.

El problema de este maestro religioso (y el nuestro) es que en esta historia no podemos conseguir libremente la salvación para nosotras mismas o para los demás; somos los indefensos que debemos nacer de nuevo. Jesús no le dice a Nicodemo "tienes que nacer de nuevo" para indicarle qué peldaño debe subir en la escalera religiosa. No le da a Nicodemo el susto de su vida para incitarle a pasar página. "Hay que nacer de nuevo" es la oferta de vida eterna. Debemos ser llamados a salir de las tinieblas y entrar en la luz. Dios debe trabajar sobre nuestra alma para hacerla vivir junto a Cristo.

EL VIENTO SOPLA, LA SEMILLA SE DISPERSA

¿Cómo se produce este nuevo nacimiento? El viento entra. El Espíritu de Dios es como el viento: sopla libremente donde quiere dar vida y es capaz de hacer nacer la vida. Dios es quien hace nacer de nuevo a sus hijos. ¿Cómo lo hace el Espíritu? Introduciendo la semilla: "Pues han nacido de nuevo, no de una simiente corruptible, sino de una que es incorruptible, es decir, mediante la palabra de Dios que vive y permanece" (1 Pe. 1:23). El apóstol Pedro explica que no hemos nacido de nuevo de una semilla corruptible (es decir, de un esperma y un óvulo humanos), sino de una semilla incorruptible, por medio de la Palabra viva y permanente de Dios. El Espíritu despierta la fe, y nace un niño en Cristo.

A través de un encuentro con una amiga tomando té; a través de una conversación en una parada de autobús camino al trabajo; a través de una disculpa a tus vecinos por lo que tu perro hizo en su jardín; a través de estudios bíblicos en la cárcel; a través de discusiones en la oficina del director; a través de tu paseo en el parque cada jueves donde buscas hablar con quien el Señor trae; a través de mensajes de texto designados por Dios para iluminar un celular y brillar en la oscuridad; a través de sueños de Jesús que obligan a personas de otras religiones a buscar la interpretación de un cristiano; a través de charlas esporádicas con la persona que está a tu lado en la máquina elíptica del gimnasio; a través de debates en la sala de descanso del trabajo; a través de globos impresos con versículos de la Biblia que flotan sobre la zona desmilitarizada de Corea; a través de canciones que exaltan la persona y la obra de Cristo... el viento sopla.

La libertad de Dios para dar vida es... *liberadora*. Tal vez un montón de equipaje obstruya tu visión de Jesús o la de tus seres queridos. Si ese es el caso, puede que te sientas desanimada porque cada vez más, tus amigos no están yendo a Cristo en arrepentimiento y fe. Tal vez no estés segura de tener una nueva vida en Cristo. Amiga, el Espíritu sopla libremente donde quiere, y este hecho nos anima a orar. En lugar de sentirte abrumada por todo lo que hay en la banda de equipaje cultural, ora para que el Espíritu quite esas maletas del camino y haga brillar la verdad. Siembra la semilla del Evangelio y ora para que Dios despierte la fe en el corazón de tus amigos o incluso en el tuyo propio. Puede que estés orando por el próximo nacimiento de tu bebé. Mientras trabajas en oración por este nacimiento, ora para que Dios libere su alma de la muerte y le dé un nuevo nacimiento.

Tal vez el Espíritu esté trabajando en tu alma hoy. ¿Oíste la respuesta a tu mayor problema en la respuesta de Jesús a este hombre religioso? Amiga, si acabas de darte cuenta de que eres totalmente incapaz de salvarte a ti misma, tan incapaz como un bebé de provocar su propio nacimiento, ¡alaba a Dios por la obra de su Espíritu en tu corazón!

Todos preferimos aferrarnos a la ilusión de que somos los dueños de nuestro destino y los capitanes de nuestra alma.[1] "Pero Dios, que es rico en misericordia, por causa del gran amor con que nos amó, aun cuando estábamos muertos en nuestros delitos, nos dio vida juntamente con Cristo (por gracia ustedes han sido salvados)" (Ef 2:4-5). En efecto, estamos a merced de un Dios poderoso y amoroso. Qué cosa tan maravillosa es pensar que Él diseñaría el parto de tal manera que tendríamos una imagen tan cruda, urgente, visceral, común e inigualable de nuestra incapacidad para salvarnos a nosotros mismos y la libertad del Espíritu para darnos la vida que necesitamos.

---

1 La frase "Soy el dueño de mi destino: Soy el capitán de mi alma" se atribuye al poeta William Ernest Henley (1849-1903), *"Invictus"* en Book of Verses (1888).

17

GLORIARSE SÓLO EN LA CRUZ

"Pero jamás acontezca que yo me gloríe, sino en la cruz de nuestro Señor Jesucristo, por el cual el mundo ha sido crucificado para mí y yo para el mundo". **Gálatas 6:14**

Mientras que la conciencia de uno mismo es un efecto natural y secundario de la madurez, la conciencia de Dios es un don sobrenatural de la gracia.

Una tarde estaba viendo a mis hijos en clase de natación cuando un niño pasó sentado sobre un flotador y con un chaleco salvavidas. Sonrió diciendo "¡Yo nado!" y por supuesto, todos los que estábamos cerca nos enternecimos y respondimos juntamente: "Bien hecho". Nos inspiramos cuando vemos a nuestros hijos crecer gracias a su capacidad de riesgo. Sonreímos cuando intentan aprender habilidades y les animamos: "Adelante, puedes hacerlo".

La maternidad es similar a "nadar" con un chaleco salvavidas y un flotador. (Me doy cuenta de que nadar puede sonar muy bonito ahora mismo para las lectoras que están muy embarazadas). Aunque nos imaginamos compitiendo contra otras madres en los 400 metros en las Olimpiadas para mamás, en realidad todas estamos a flote únicamente por la gracia de Dios. Si tenemos ojos para ver, entonces sabremos cómo estamos llevando a cabo nuestra labor de madres por gracia.

EL NACIMIENTO NOS ENSEÑA A GLORIARNOS

Entonces, si todas estamos a flote, empoderadas y sostenidas por la gracia, ¿por qué las mamás nos jactamos de nosotras mismas? ¿Por qué nos aseguramos a nosotras mismas y a los demás con mantras como: ¿Tú tienes esto? Cualquier cosa que tengamos, se nos ha dado. Siguiendo con la analogía de la natación, creo que preferimos ignorar el chaleco salvavidas y el flotador de la piscina para poder presumir de nosotras mismas. Al menos, ese es el caso de mi propio corazón. Me resulta más fácil presumir de mí misma si ignoro el hecho de que todo lo que tengo es un regalo.

Afortunadamente, Dios nos ha dado el parto para servir como señal fluorescente que nos apunte a Él. Dios es nuestra vida. Él merece el agradecimiento y la alabanza por todo. Él es la fuente de todo. Por eso, este libro se esfuerza por explicar el uso metafórico del parto en las Escrituras. En otras palabras, cuando pensamos en Jesús, no empezamos con nosotras mismas, nuestro parto y concluimos: "Jesús se parece a mí". No, nos vemos a nosotras mismas en comparación con Dios, no al revés. Leemos el lenguaje metafórico del parto en la Palabra de Dios que nos deja sin aliento cuando nos damos cuenta de que estamos hechas para ser como Dios. Con la boca abierta y el corazón latiendo, nos preguntamos con el salmista: "¿Qué es el hombre, para que de él te acuerdes, y el hijo del hombre, para que lo cuides?" (Sal. 8:4).

Las brillantes gloria y la gracia de Jesús son la realidad que sustentan el universo. Las futuras madres–incluidas las biológicas, las adoptivas y las espirituales–son imágenes vivas de la gloria de Jesús. Las Escrituras nos enseñan a ver el parto como un reflejo del resplandor de Jesús: *vemos en un espejo tenue*. En su inescrutable sabiduría, Dios diseñó la concepción, el embarazo y el parto para que fueran una señal que dirigiera nuestros corazones a adorarle. Esto no es egolatría sino amor en abundancia: desde la hormona luteinizante que se dispara hasta el bebé que crece, desde la batalla diaria contra la ansiedad hasta la emoción de la esperanza, desde el estiramiento de la piel y la retención de líquidos hasta el dolor y el parto del recién nacido, todo procede de Él, por Él y para Él.

No obstante, el mundo en su forma típica ha torcido tanto el parto que cuando vislumbramos la maravilla de todo ello, ¡desplazamos la adoración de Dios hacia nosotras mismas! Dejar de presumir de nosotras mismas es una batalla. Cada día que sacas tu cuerpo que lleva otro de la cama, el mundo lanza aún más iniciativas para que sigas presumiendo de ti misma, de tus opiniones, de tu formación, de tus recursos, de tu biología, de tus decisiones de consumo e incluso de tu tolerancia al dolor. El mundo que nos rodea espera que las mamás utilicen estas cosas como armas para luchar por la cima y reclamar la gloria que tanto nos cuesta conseguir.

¿Sientes tú también la gravedad del curso de este mundo? Esta gravedad aleja mi mirada de la gloria de Dios en el rostro de Jesucristo y la fija directamente en mi propio ombligo. Mirar al ombligo mientras nos vanagloriamos de nosotras mismas es sencillamente la vocación equivocada de las mujeres hechas a imagen de Dios. Débil como una nube que flota en lo alto, la sensación de satisfacción desaparece antes de que nos demos cuenta, y entonces estamos buscando nuestra próxima dosis de gloria.

LA MEJOR Y ÚNICA GLORIA

Sin embargo, cuando contemplamos la gloria de Dios en el rostro de Jesucristo, somos transformadas. La satisfacción, plenitud, aprobación y el propósito que buscamos se cumplen solamente en Cristo. Cuando nos gloriamos en la cruz–donde el perfecto Hijo de Dios sangró y murió en nuestro lugar–vemos a Cristo, a nosotras mismas y al mundo que nos rodea correctamente.

Para los que hemos estado en Cristo y hemos sido discipulados en su iglesia, estas cosas que he escrito pueden sonar como un disco rayado, pero vale la pena repetirlas porque somos personas olvidadizas y débiles. ¿Tienes ojos para contemplar la gloria del Señor hoy? Deja que la Biblia dé a tu corazón la perspectiva que necesita para ver con claridad. Las películas, los anuncios y las noticias no te recordarán que la vida y la muerte están en manos de Dios. Aliméntate con la Palabra de Dios cada día para que te recuerde que "el Señor da muerte y da vida; hace bajar al Seol y hace subir" (1 Sam. 2:6). La fertilidad, la concepción, el embarazo y el nacimiento son misericordias de Dios; no las hemos ganado ni las hemos conseguido. ¿Qué tenemos que no hayamos recibido de Dios? Entonces, ¿cómo podemos presumir de tales cosas?

Cuando tengas la fuerte tentación de presumir de algún aspecto de tu maternidad, pregúntate: "¿Qué tienes que no hayas recibido?

¿Por qué te jactas entonces?". Luego, recuerda el costo que Jesús pagó para darte todo lo que necesitas para la vida y la piedad. El parto que te está dando o el hijo que te ha designado para adoptar no tienen que ver contigo ni con tu gloria. La mejor y única gloria es la cruz de Jesús. La cruz no es una alegría sombría y pasajera como recibir un cumplido de alguien o alcanzar una meta sino que es gracias a la sangre derramada de Jesús que tenemos la redención eterna y el perdón irrevocable de los pecados. "No a nosotros, Señor, no a nosotros, sino a tu nombre da gloria" (Sal. 115:1). A causa de la cruz, recibimos las abundantes riquezas de la gracia de Dios sobre la gracia que le agrada derramar sobre sus hijos.

18

UNA TUMBA SE CONVIRTIÓ EN UN VIENTRE PARA LA NUEVA CREACIÓN

"Pero el primer día de la semana, al rayar el alba, las mujeres vinieron al sepulcro trayendo las especias aromáticas que habían preparado. Y encontraron que la piedra había sido removida del sepulcro, y cuando entraron, no hallaron el cuerpo del Señor Jesús. Y aconteció que estando ellas perplejas por esto, de pronto[a] se pusieron junto a ellas dos varones en vestiduras resplandecientes; y estando ellas aterrorizadas e inclinados sus rostros a tierra, ellos les dijeron: ¿Por qué buscáis entre los muertos al que vive? No está aquí, sino que ha resucitado. Acordaos cómo os habló cuando estaba aún en Galilea". **Lucas 24:1-6**

Esta mañana me he despertado con titulares sorprendentes de todo el mundo. Parece que esta época está llena de sorpresas. Sin embargo, hay constantes predecibles como el hecho de que la tasa de mortalidad de todos los grupos de personas en todas partes es sistemáticamente del 100%. Vivimos y morimos.

Cuando la muerte entró en la creación perfecta de Dios a través de nuestro pecado, fue una aberración no deseada a la forma en que estaban las cosas. Por tanto, la muerte es el último enemigo que será destruido (1 Cor. 15:26).

Pensar en las estadísticas de la muerte me produce un dolor palpitante en el corazón. El reino del horror de la muerte se extiende incluso a los niños no nacidos y a las madres que los llevan. Aunque no he perdido personalmente a ningún niño, conozco a muchas madres que sí lo han hecho y a algunas que han fallecido. A pesar de todos nuestros avances en tecnología prenatal y cuidados postnatales, demasiadas mujeres y niños en el mundo actual no sobreviven al embarazo y al parto.

¿Qué corazón puede soportar el dolor de un pesebre o una mecedora vacíos? El consuelo que necesitamos lo encontramos mirando a la tumba vacía.

¡ESTÁ VIVO!

Jesús soportó un trato atroz a manos de gente malvada por la rebelión que no cometió. Era inocente hasta la médula, pero fue la voluntad del Señor aplastarlo por nuestro pecado. Recuerdo que me asombré la primera vez que me di cuenta de que Jesús fue a la cruz intencionada y voluntariamente. Cuando los líderes de mis estudios bíblicos me explicaron que Cristo sufrió por mí, no bajo coacción, sino por mi causa y en mi lugar, quedé deshecha. Y entonces, por el Espíritu de Dios, nací de nuevo.

Al tercer día, Jesús resucitó de entre los muertos. El "ellas" en nuestro pasaje anterior se refiere a varias de las mujeres que eran amigas de Jesús. Querían preparar adecuadamente su cuerpo para la sepultura, así que fueron al sepulcro del jardín con especias para la sepultura. Tenían toda la intención de aplicar las especias al cuerpo de Jesús porque esperaban encontrar su cuerpo muerto detrás de la roca. Al fin y al cabo, así eran las cosas en la antigüedad. Se vive y se muere... se acaba el espectáculo. Pero ya no. Jesús siempre tuvo la intención de morir en la cruz para el perdón de nuestros pecados y tuvo siempre la intención de resucitar para nuestra justificación.

Querida amiga, cuando Jesús se hizo pecado por nosotros, llevó la maldición por nosotras. He aquí el Cordero de Dios que quita el pecado del mundo. La muerte no pudo retener a Jesús y al tercer día salió de la tumba como el primer Hombre de la nueva creación. Dios tomó lo que debía ser un recipiente de muerte y decadencia y lo convirtió en el lugar donde la nueva creación comenzó a invadir la antigua.

Jesús está vivo, resucitado espiritual y corporalmente de la muerte a la vida eterna por el Espíritu y el mismo Espíritu hará lo mismo con nosotros. Incluso ahora, ha comenzado su obra de resurrección en todos los que están en Cristo. Cuando naces de nuevo, estás en Cristo y así, en esta era presente es como podemos resucitar espiritualmente. Esta resurrección por el Espíritu es un anticipo y una garantía de que él terminará la buena obra que comenzó, resucitándote corporalmente cuando Cristo regrese. Jesús ha ido antes que nosotros: "Mas ahora Cristo ha resucitado de entre los muertos, primicias de los que durmieron. Porque ya que la muerte entró por un hombre, también por un hombre vino la resurrección de los muertos. Porque así como en Adán todos mueren, también en Cristo todos serán vivificados" (1 Cor. 15:20-22).

Al igual que el dolor de parto de Dios no es como el nuestro (pero nuestro dolor de nacimiento es como el suyo), la resurrección de Jesús no es como la nuestra (pero la nuestra será como la suya).

OJOS BIEN ABIERTOS

Como madres, tenemos aspiraciones para nuestros hijos. A la luz de la resurrección de Jesucristo, podemos tener esperanzas que resuenan en la eternidad. Las futuras mamás, por muy obsesionadas que estemos con la nueva vida que crece dentro de nosotras o en nuestros corazones para nuestros hijos adoptivos, la vida que nos debe obsesionar es la vida de resurrección en Cristo. Cada mañana tenemos que recordar de nuevo que la piedra fue removida de la tumba y que el cuerpo de nuestro Señor crucificado no estaba allí. Ha resucitado. Ésa es la esperanza que nos damos a nosotras mismas y la que damos también a nuestros hijos. Ya hemos hablado en este libro que la vida de resurrección en Cristo no es algo que podamos ganar, hacer proselitismo o transmitir genéticamente, pero vale la pena repetirlo: la salvación le pertenece al Señor.

La gracia quiere que vivamos con los ojos bien abiertos a la esperanza. Cuando nos tambaleamos con la náusea de vivir en un mundo roto y moribundo, vemos con ojos de fe que la resurrección está en el horizonte. Sigue adelante, querida. Nuestra ancla en las olas del dolor es Cristo mismo. Él sufrió la muerte por nosotras para que no fuéramos retenidos por ella. Sus manos llenas de clavos descerrajaron la puerta de la ciudad de la muerte. Todo el infierno podría desatarse en esta tierra, pero por la gracia a través de la fe, Jesús es nuestro y nosotros somos suyos para siempre.

Veremos su cara. Lo veremos. Así que ahora podemos abrir los

ojos cada mañana (además de varias veces por la noche en los prime‑
ros días del recién nacido) y asimilarlo todo por gracia. ¿Te imaginas
el primer momento en que tus párpados se abren en la resurrección
para contemplar la nueva creación en su totalidad? Nos despertamos
día tras día llenas de dolor en este mundo roto, pero se acerca el día
en que los últimos sufrimientos de este trabajo de parto terminarán
y seremos total, completa y finalmente nuevamente creados. La pena
se convertirá en risa y las lágrimas de dolor en lágrimas de alegría.

19

NUESTRO LIBERTADOR SE ENTREGÓ A TRAVÉS DE DOLORES DE PARTO

"Aconteció en aquellos días que salió un edicto de César Augusto, para que se hiciera un censo de todo el mundo habitado. Este fue el primer censo que se levantó cuando Cirenio era gobernador de Siria. Todos se dirigían a inscribirse en el censo, cada uno a su ciudad. También José subió de Galilea, de la ciudad de Nazaret, a Judea, a la ciudad de David que se llama Belén, por ser él de la casa y de la familia de David, para inscribirse junto con María, comprometida para casarse con él, la cual estaba encinta. Sucedió que mientras estaban ellos allí, se cumplieron los días de su alumbramiento. Y dio a luz a su Hijo primogénito; lo envolvió en pañales y lo acostó en un pesebre, porque no había lugar para ellos en el mesón".
Lucas 2:1-7

En la eternidad pasada, Dios decretó que César Augusto emitiera su propio decreto. La historia del nacimiento de Jesús fue planeada desde antes del tiempo y profetizada durante cientos de años aunque muchos detalles están ocultos en la historia registrada.

¿Cuánto duró el parto de María? ¿Estaban las parteras de Belén de guardia esa noche o ese día? ¿Apareció alguna otra madre para ayudar a la joven María? ¿Sufrió el temido dolor de espalda durante el trabajo de parto? ¿Permitió el dueño de la posada que José anduviera caminando de arriba a abajo o ayudó a recibir al bebé? Puede que no conozcamos las respuestas a estas preguntas, pero esta pregunta tan significativa ha sido claramente contestada a lo largo de la Biblia:

¿Qué hacía Dios en el vientre de una virgen?

Mientras nos preguntamos por los detalles no mencionados y admiramos la fe de María, debemos recordar la razón de la encarnación: Jesús nació como hombre para poder morir por nuestro pecado desde el vientre materno hasta la tumba. La Trinidad concibió un plan para que la misión del Hijo implicara su concepción en el vientre de una virgen y su descenso por el canal del parto. El Niño Jesús es Dios encarnado en la humanidad, con el líquido amniótico y la sangre unidos al cordón umbilical y a la placenta.

Sí, amigas, nuestro Salvador tiene ombligo. ¿Qué podría ser más invertido para nuestra lógica terrenal que su no tan grandiosa entrada en el mundo? La mayoría de las religiones del mundo se ciñen a las historias que suenan estériles. Los guionistas imaginan mucha más fanfarria cuando la cámara se acerca al héroe que ha venido a salvar el día. Por el contrario, Dios se sirve de los débiles para avergonzar a los sabios: así es Él. Profecía tras profecía, señala el nacimiento del Mesías y cómo traería libertad de la esclavitud del pecado, de Satanás y de la muerte.

NACIDO PARA MORIR

La promesa del Padre de enviar al aplastador de la serpiente se lleva a cabo mediante la obra del Espíritu Santo para realizar la nueva creación. Se ha dicho, con razón, que la encarnación fue una invasión: la luz de la vida que irrumpe en las tinieblas de un mundo caótico de pecado y muerte. El Hijo eterno de Dios fue el Hijo del Hombre profetizado que vino a rescatar a los suyos. "En Él estaba la vida, y la vida era la luz de los hombres" (Juan 1:4). La concepción del Hijo eterno por el Espíritu en el vientre de una virgen fue el "hágase la luz" de Dios para las personas que caminan en la oscuridad. La gloria del Señor se revelará y toda la carne la verá junta. Lleno de gloria, adorado en el cielo y a la derecha del Padre, se hizo carne y habitó entre nosotros. El que sería entregado por nuestros pecados fue liberado a través del juicio del dolor de nacimiento que todos sufrimos. Nuestra esclavitud al pecado pronto recibiría el golpe de gracia cuando el Hijo del Hombre extendió sus brazos en la cruz para asumir la pena por el pecado que merecíamos. Imagina los gritos del recién nacido en Navidad, pero imagina también que las cadenas del pecado empiezan a sonar.

A lo largo del ministerio terrenal de Jesús, las maldiciones de la caída–tanto físicas como espirituales–comenzaron a desaparecer. Las manos gorditas de un niño se convirtieron en manos callosas de carpintero que hacían milagros sobre las enfermedades, los demonios, los peces, el clima, la comida, una higuera... y la propia muerte. Jesús hizo estos milagros a corto plazo (incluso los que resucitó de la muerte volverían a sufrir la muerte) como señales para nosotros de que él es el Prometido que nos sacaría del exilio, iría delante de nosotros en un nuevo éxodo y mediante el Espíritu, haría que todas las cosas fueran nuevas, primero espiritualmente y al final de los tiempos, físicamente.

CRIADOS JUNTOS, ENCARNADOS EN LA GLORIA

No suelo mirar la aplicación del estado del tiempo en mi teléfono a menos que esté soñando con el clima en Tiflis o Rabat. Sin embargo, esta mañana quería ver a qué velocidad soplaba el viento mientras otra tormenta de arena azotaba las palmeras de nuestro barrio. Durante la temporada de tormentas de arena, la ciudad recibe durante horas pedazos microscópicos del desierto, que dejan todo cubierto de polvo. Fuera de la ventana junto a mi escritorio puedo ver telas de araña recién cubiertas de arena en las repisas. Esas arañas ya no atrapan nada. Cada detalle intrincado de sus telas queda resaltado por la arena pegada contra el fondo de dunas de arena en miniatura en las esquinas de la repisa de la ventana. Hace una hora, mi ventana parecía despejada; no tenía ni idea de que las telas estuvieran allí. Lo que estaba oculto se ha revelado ahora.

Así será cuando los creyentes se "encarnen" al final de la era. Así como Jesús fue vindicado en su resurrección corporal, así será vindicado todo aquel que se encuentre en él a la vista del universo que lo observa. Mamá cristiana, aunque hayas resucitado con Cristo de entre los muertos, el mundo no te identifica con la victoria espiritual o física en esta época. ¡Y por supuesto que no! Tu fe en Cristo el Salvador encarnado, crucificado, resucitado y ascendido es una locura para ellos. Ahora pueden juzgarte de ignorante, de mente cerrada, "en el lado equivocado de la historia" y débil. La declaración de Dios de tu plena justicia en Cristo es invisible para el mundo en este momento. Incluso tú, querida lectora, puedes tener tus persistentes dudas sobre la aprobación de Dios hacia ti hoy. Pero, ¡si estás en Cristo!

Si estás en Cristo, entonces tu identificación con él se manifestará–físicamente encarnada en la gloria–cuando el mismo Espíritu que resucitó a Jesús de entre los muertos resucite también tu cuerpo.

La encarnación es la última intervención ya que Dios mismo se metió de lleno en nuestra situación, pero sin pecado. Y ahora, por medio de su Espíritu, Jesús nos está creando de nuevo desde dentro, incluso mientras permanecemos en este mundo caído. Lo que está oculto acabará por revelarse. Así que ahora, madre, levántate y brilla, porque tu luz ha llegado y la gloria del Señor ha nacido sobre ti. El que fue liberado de los dolores de parto, un día liberará al mundo de sus dolores de parto cuando traiga su nueva creación en su totalidad. Puede que nuestra piel y nuestra carne sean destruidas, pero en nuestra carne veremos a Dios, por nosotras mismas. Nuestros propios ojos lo contemplarán. ¡Cuán fácil desfallece nuestro corazón en nuestro interior!

20

SALVAS POR LA MATERNIDAD

"Por tanto, el Señor mismo les dará esta señal: Una virgen concebirá y dará a luz un hijo, y le pondrá por nombre Emmanuel".
Isaías 7:14

"Pero cuando vino la plenitud del tiempo, Dios envió a Su Hijo, nacido de mujer, nacido bajo la ley".
Gálatas 4:4

"Pero se salvará engendrando hijos, si permanece en fe, amor y santidad, con modestia".
1 Timoteo 2:15

¿Leíste solamente el índice y pasaste directamente a esta página? Si es así, puedo entenderlo. Probablemente yo también lo habría hecho dado el montón de interpretaciones de este pasaje. Algunos teólogos dicen que éste es el versículo más difícil de interpretar del Nuevo Testamento. Dependiendo de cómo se evalúen todos los matices gramaticales de este versículo, se puede llegar a muchas opciones diferentes de interpretación (y su correspondiente aplicación).

Los fieles intérpretes evangélicos han luchado con cada una de las frases de este versículo y han llegado a interpretaciones adecuadas que difieren entre sí en varios puntos y en diversos grados.[1] ¿Quién es "ella"? ¿Qué significa que se salve? ¿La palabra "a través de" fun-

---

1 El punto de vista representado en este capítulo está extraído de un artículo inédito, Jesse R. Scheumann, *"Saved through the Childbirth of Christ (1 Tim. 2:15): Eva como la mujer redimida representativa en Éfeso"*.

ciona como un medio por el que se salva o como una circunstancia por la que se salva? La traducción literal de este versículo en griego contiene un artículo para la palabra "childbearing", es decir, el parto. ¿Qué significa "el parto"? ¿Qué significa gramaticalmente "si" en esta frase? Y por último, ¿quiénes son "ellos"?[2]

EL CONTEXTO ES EL REY

Seleccionar diferentes respuestas a cada una de estas preguntas puede hacerte sentir como si estuvieras leyendo un libro de "Elige tu propia aventura". En esta serie de libros te encuentras con opciones como: "Si quieres que el personaje entre en el túnel bajo la pirámide, pasa a la página 46. Si quieres que el personaje se suba a un caballo y se vaya, pasa a la página 3". La forma de tu aventura depende de las decisiones que tomes en el camino.

Por supuesto, esta ilustración se cae porque estamos hablando de la inmutable y eterna Palabra de Dios y no de un cuento de hadas ficticio. No tenemos la libertad de interpretar la Biblia según nuestros sentimientos. Interpretamos la Biblia con la ayuda del Espíritu que inspiró cada palabra perfecta de ella y mediante el razonamiento práctico y las habilidades que se nos han dado, entre las cuales se encuentra "el contexto es el rey". En este capítulo explicaré brevemente la interpretación que creo que se ajusta mejor al contexto. Te pido, amable lectora, que leas con caridad como yo escribo con caridad, afirmando la validez de las interpretaciones de mis queridos hermanos y reconociendo humildemente que todos escribimos como quien ve en un espejo tenuemente, hasta que lo veamos cara a cara cuando vuelva (1 Cor. 13:12).

DE LA CONDUCTA DESORDENADA A LA ORDENADA EN LA IGLESIA

Nuestro versículo se encuentra en la carta de Pablo a Timoteo, un pastor al que Pablo discipuló, formó y que fue como un hijo para él. En esta carta, Pablo le escribe a Timoteo sobre asuntos de la vida de la iglesia con instrucciones, estímulos, advertencias y actualizaciones personales. El capítulo 2 contiene instrucciones sobre el culto cor-

---

2 Estas seis preguntas han sido adaptadas de Stanley E. Porter, *"¿Qué significa ser 'salvado por el parto' (1 Timoteo 2:15)?"* Journal for the Study of the New Testament, no. 49 (1993): 88.

porativo y la autoridad de la iglesia. De manera similar a la forma en que explica el matrimonio en Efesios 5, Pablo explica sus instrucciones sobre el culto corporativo y la autoridad de la iglesia dirigiéndose tanto a los hombres como a las mujeres comenzando por el Génesis. Sus instrucciones a los hombres y mujeres de la iglesia se basan en el relato de la creación, son coherentes con lo que Dios ha hecho y con la razón por la que lo hizo.

Pablo se dirige a los hombres en 1 Timoteo 2:8 con respecto a sus oraciones y a las mujeres en los versículos 9 y 10 con respecto a su adorno y buenas obras. En el versículo 2, Pablo le dice a Timoteo que deje que las mujeres aprendan (lo cual era radicalmente contracultural en aquellos días) y la forma en que las mujeres deben aprender es tranquilamente con toda sumisión. En los versículos 12-14 Pablo reafirma su enseñanza de que el liderazgo masculino es el patrón ordenado por Dios para la iglesia debido a la creación: "Y Adán no fue el engañado, sino que la mujer, siendo engañada completamente, cayó en transgresión". Pausa. Bien. Entonces, ¿está diciendo Pablo que cree que las mujeres son crédulas, por lo que están descalificadas para liderar en la iglesia? No. Pablo está narrando el incidente en el jardín del Edén, cuando Satanás entró en la serpiente y tentó a la mujer, y la mujer tomó la iniciativa de tomar el fruto y comerlo, dándoselo a Adán que estaba con ella. Adán no fue el engañado porque la serpiente no le habló a él. Satanás socavó a Dios al hablarle directamente a la mujer, a quien Dios dio como la única ayudante apta para el hombre. Satanás fue detrás de la mujer y atacó el regalo más precioso que se le había dado a Adán, a quien le cantó:

«Esta es ahora hueso de mis huesos,
Y carne de mi carne.
Ella[a] será llamada mujer,
Porque del hombre fue tomada».(Gén. 2:23)

¡PERO DIOS!

Sin embargo, ella se salvará a través de [la] maternidad. Creo que lo que Pablo está haciendo en su carta al pastor Timoteo es un llamamiento a las mujeres de Éfeso para que se arrepientan de su conducta desordenada en el culto corporativo y apela a ellas relatando el pecado de Eva y compartiendo la misma promesa evangélica que

Dios dio a Eva en Génesis 3:15. Por lo tanto, según esta interpretación (que reconozco que existe entre otras interpretaciones fieles de este texto), si "ella" en el versículo 15 sigue hablando de Eva, entonces la esperanza de salvación de Eva está en su descendencia, a quien Dios prometió que heriría la cabeza de la serpiente (Génesis 3:15): el Señor Jesucristo. Ya hemos hablado en este libro de cómo el primer y el segundo hijo de Eva, Caín y Abel, resultaron no ser la esperanza que ella buscaba, y la Semilla prometida vendría a través de su tercer hijo, Set.

Todos los niños nacidos después de Set daban al pueblo la esperanza de que el Mesías iba a llegar. Incluso ahora que nuestro Mesías ha venido, podemos recordar cómo Dios demostró su fidelidad sin comparación a fin de cumplir sus promesas al enviar a su Hijo. Esta es una buena noticia. Dado que Eva fue engañada y se convirtió en una transgresora y sin embargo, sería salva a través de la descendencia prometida que es Cristo, entonces las mujeres de Éfeso tampoco estaban desesperadas en su pecado. Si las mujeres de Éfeso se arrepienten de su pecado y continúan en la fe, el amor y la santidad con autocontrol, entonces eso sería una evidencia muy alentadora del fruto del Espíritu en sus vidas, lo que a su vez las consolaría de que fueron salvadas por la gracia a través de la fe en Jesús. Cuando nos negamos a arrepentirnos de nuestro pecado, no tenemos ese consuelo. Creo que Pablo no estaba dictando reglas airadas a las mujeres de la iglesia de Éfeso sino señalando pastoralmente el Evangelio y la seguridad alentadora que tenemos cuando perseveramos en la fe, el amor y la santidad a través del poder del Espíritu.

NUESTRA SALVACIÓN NACIÓ DE UNA MUJER

Y entonces, ¿qué pasa con nosotros? ¿Cómo vamos a considerar este texto de 1 Timoteo 2 sobre el diseño de Dios para el liderazgo en el cuerpo de su Hijo, la iglesia? Está claro en el texto, en el contexto inmediato y en el conjunto de las Escrituras que no nos salvamos por dar a luz a bebés; así que no tenemos que actuar como si lo hiciéramos (ni insinuar que otras mujeres pueden ser salvas si tienen hijos). Por lo tanto, podemos rechazar de plano cualquier noción de que las mujeres que dan a luz serán salvadas por el hecho de tener hijos y que las mujeres que permanecen solteras o sin hijos están en peligro eterno. También podemos ver por el contexto que "a través de" en este versículo no es una promesa de que toda mujer cristiana se salvará (es decir, su vida será preservada) a través del parto.

Lo que tenemos aquí es un eco resonante y lleno de esperanza del Evangelio por el que fuimos salvados -por gracia mediante la fe- en la obra terminada de Jesús en la cruz. Esta es la frase fidedigna a la que se refiere Pablo en el siguiente versículo (1 Tim. 3:1). Todas las personas de todas partes que son liberadas por medio del Redentor que "nació de una mujer" son receptores de la gracia salvadora e inmerecida de Dios. ¡Qué amor tan maravilloso! El hecho de que Dios haya salvado a hombres, mujeres y niños de todas las tribus por medio de su Hijo–la Simiente prometida, nacida de una mujer–eleva la dignidad de la maternidad. Cómo necesitamos esta perspectiva ya que vivimos en culturas que, alternativamente, denigran y deifican la maternidad.

21

LOS NIÑOS SON UNA BENDICIÓN

"Si el Señor no edifica la casa, en vano trabajan los que la edifican; si el Señor no guarda la ciudad, en vano vela la guardia. Es en vano que se levanten de madrugada, que se acuesten tarde, que coman el pan de afanosa labor, pues Él da a Su amado aun mientras duerme. Un don del Señor son los hijos, y recompensa es el fruto del vientre. Como flechas en la mano del guerrero, así son los hijos tenidos en la juventud. Bienaventurado el hombre que de ellos tiene llena su aljaba; no será avergonzado cuando hable con sus enemigos en la puerta". **Salmo 127**

¿Estás preparada para la maternidad? Por un lado, realmente no hay una lista de cosas que debas ser o lograr para estar adecuadamente preparada para ser madre pero por otro lado, Dios equipa a sus hijos para los ministerios a los que los ha llamado, así que tu preparación ya está en camino por su gracia futura. Y por otro lado (¿en cuántas manos estamos hasta ahora?), hay cosas que las futuras mamás pueden hacer para prepararse para la aventura de la maternidad.

Al esperar a un hijo, es probable que tengas una lista de cosas en las que estás trabajando. Tal vez estés almacenando pañales de diferentes tallas, aprendiendo sobre las necesidades médicas de tu hijo adoptivo o leyendo sobre cómo diferenciar las contracciones Braxton-Hicks de "las de verdad". A lo largo de los años, algunas amigas mías han venido a echar una mano extra en mi casa antes de los nacimientos de sus propios bebés, llamándose a sí mismas "madres en formación". (¡He estado orando para que haya más amigas que piensen así!) Por muy útiles que sean todos nuestros entrenamientos en la práctica, hay otro entrenamiento que dará enormes frutos en tu vida como madre: el entrenamiento de los sentimientos.

ENTRENAMIENTO DE LOS SENTIMIENTOS

Cuando leemos y meditamos la Palabra de Dios, nuestro objetivo es conocer a nuestro gran Dios, aquel que nos ama y nos ha llamado a ser sus hijas por gracia mediante la fe en su Hijo. Al leer la Biblia, inevitablemente nos encontramos con cosas que son contrarias a lo que sentimos. Esto es de esperar, porque nuestros sentimientos no se alinean automáticamente con la verdad, pero no todo está perdido. Dios no nos ha dejado sin esperanza. Seremos transformadas por la renovación de nuestra mente al abrazar, amar y obedecer la Palabra de Dios con la ayuda de su Espíritu. Su Espíritu también trabaja en nosotras a medida que nuestras facultades de discernimiento se entrenan para reconocer la verdad y discernir si nuestros sentimientos están en línea con esa verdad.

Cuando digo que necesitamos entrenar nuestros sentimientos, lo que quiero decir es que necesitamos entrenar nuestros sentimientos para que se sometan a la verdad revelada en la Palabra de Dios. Seré la primera madre en levantar la mano y decir: "Mis sentimientos no siempre se corresponden con la verdad" y a veces, la forma en que lidio con eso es hurgando en la cocina en busca de algo de comida para distraerme de mi conflicto. Los palitos de pretzel con mantequilla de maní ayudan a muchas cosas, pero arreglar mis sentimientos caprichosos no es una de ellas. Debemos pedirle ayuda a Dios: "Ayúdame, Padre. Mis sentimientos no coinciden con tu Palabra. Quiero amar tu Palabra y seguirte por encima de mis sentimientos. Por favor, cambia mis sentimientos".

Algunas verdades revelan nuestros sentimientos caprichosos con más frecuencia que otras. Para muchas personas, "los hijos son una herencia del SEÑOR" es una de esas verdades que nuestras emociones no afirman automáticamente y de todo corazón. En un momento, abrazamos con alegría nuestra herencia de los hijos y al minuto siguiente estamos de rodillas suplicando a Dios que aumente nuestra fe y confíe en Él porque nuestra maternidad es muy dolorosa. Es tan importante que sepamos que no tenemos que confiar en nuestros sentimientos y emociones cuando consideramos a los niños que criamos. Contrario a las opiniones culturales de nuestros días, que son muy variadas en cuanto a la forma de ver a los niños, sin ningún tipo de descargo, la Biblia enseña que los niños son una herencia del Señor. Como humildes criaturas de Dios, debemos recurrir a Él y a su Palabra para entender lo que significa ser bendecidas.

Como hemos ido aprendiendo a lo largo de este libro, Dios no nos refleja sino que nosotros fuimos hechos a su imagen. Y así, en ese orden, debemos saber que la Biblia enseña que Dios tiene una herencia. Si tus cejas se alzaron ante esta afirmación, entonces has leído correctamente. Sí, el Señor Dios que creó todo lo que puedes ver, lo que no puedes ver y que gobierna todas las cosas tiene una herencia. Tiene algo, o mejor dicho, alguien que dice que es su herencia. El pueblo de Dios, sus santos, son su herencia. Todo el que es llamado del reino de las tinieblas y nace de nuevo por el Espíritu es adoptado en el pueblo de Dios. Dios nos llama "Santos" ya que nos ve a través de la justicia de su Hijo crucificado y resucitado.

PIDE Y TE DARÉ LAS NACIONES

Una de las razones por las que nuestros hijos son dados como herencia del Señor es para que podamos conocer y amar cada vez más a nuestro Padre celestial. Nuestro nacimiento y fertilidad no tiene que ver con nosotros sino con Dios. Él no es como nosotras ni está hecho a nuestra imagen, sino que nosotras somos como Él, hechos a su imagen. Como vimos en los capítulos anteriores, nuestros sentimientos sobre la maternidad y la multiplicación de los hijos están informados por lo que creemos sobre el discipulado. La herencia de Jesús son los hombres, las mujeres y los niños que "se han vestido del nuevo hombre, el cual se va renovando hacia un verdadero conocimiento, conforme a la imagen de Aquel que lo creó" (Col. 3:10). Esta multiplicación fructífera (o "fertilidad espiritual") es la obra del Espíritu Santo en y a través de nosotros cuando compartimos el Evangelio y discipulamos a la gente. Nuestros sentimientos sobre la fertilidad, el nacimiento y la maternidad están impregnados de la esperanza del Evangelio y de una perspectiva eterna. Piensa en Pablo—un hombre soltero sin hijos biológicos—que dice que se convirtió en el padre espiritual de Onésimo (Filemón 10).

Nuestros sentimientos caprichosos sobre la maternidad—ya sea que seamos propensos a gloriarnos en ella o a amargarnos—necesitan considerar la verdad relacionada de que nuestro Padre le ha dado a su Hijo una herencia. ¿Qué ha heredado Jesús de su Padre? Su herencia, por supuesto.

La gloriosa herencia del Padre en los santos–sus hijos rescatados de la muerte–se la da a su Hijo. Nuestra familia nos remite a la familia de Dios. Estos hijos por los que Jesús sufrió y murió son el gozo que se puso delante de él cuando fue a su crucifixión, la recompensa de su sufrimiento y por ellos se entona un nuevo canto de alabanza a Jesús:

Digno eres de tomar el libro y de abrir sus sellos, porque Tú fuiste inmolado, y con Tu sangre compraste para Dios a gente de toda tribu, lengua, pueblo y nación.Y los has hecho un reino y sacerdotes para nuestro Dios; y reinarán sobre la tierra»
(Apocalipsis 5:9-10)

El escritor de Hebreos dice que Jesús no se avergüenza de llamarnos hermanos: "Aquí estoy, Yo y los hijos que Dios me ha dado" (Heb. 2:13). Aquí está citando a Isaías 8:18, cuando justo antes de una sorpresiva invasión asiria, el profeta Isaías dijo: "Yo y los hijos que el Señor me ha dado estamos por señales y prodigios en Israel, de parte del Señor de los ejércitos que mora en el monte Sión". ¿Pondrás, en vísperas de la batalla, toda tu confianza en el Señor, que manda los ejércitos del cielo? El cumplimiento "cercano" de esta palabra profética es que Isaías y sus hijos fueron signos físicos entre el pueblo al atestiguar la veracidad de la Palabra de Dios y el único aliado fiable frente a la invasión. El cumplimiento "lejano" de esta palabra profética es que Jesús, nuestro Profeta y Señor de los ejércitos está junto con el remanente redimido–de cada tribu, lengua, pueblo y nación–imponente como un ejército con estandartes.

La herencia de Cristo es la descendencia piadosa que le dio su Padre. "Un don del Señor son los hijos, y recompensa es el fruto del vientre", nos señala en última instancia a Jesús, el Señor de los ejércitos, el guerrero cuya aljaba está llena de flechas para ser lanzadas a un mundo que está muriendo sin Él. Jesús no se avergonzará mientras construye su iglesia, sobre la que no prevalecerán las puertas del infierno.

Aunque fue aplastado por Dios y sometido a la pena por nuestros pecados, Jesús resucitó a la vida eterna y verá a su descendencia. "Pídeme, y te daré las naciones como herencia tuya, y como posesión tuya los confines de la tierra (Sal. 2:8)", le ofreció su Padre. El Hijo eterno de Dios la pidió y la recibirá. Jesús es digno de recibir la recompensa de su sufrimiento y la gloriosa Palabra de Dios es digna de nuestra confianza aunque nuestros sentimientos no estén de acuerdo.

22

TEJIENDO JUNTOS

"Porque tú formaste mis entrañas; me hiciste en el seno de mi madre. Te daré gracias, porque asombrosa y maravillosamente he sido hecho; maravillosas son tus obras, y mi alma lo sabe muy bien. No estaba oculto de ti mi cuerpo, cuando en secreto fui formado, y entretejido en las profundidades de la tierra. Tus ojos vieron mi embrión, y en tu libro se escribieron todos los días que me fueron dados, cuando no existía ni uno solo de ellos". **Salmo 139:13-16**

Recuerdo lo que almorzamos en la plazoleta de comidas: pretzels blandos bañados en queso para nachos. Luego, caminamos por la concurrida calle de Toronto hasta una farmacia. Compré otro paquete de tres pruebas de embarazo caseras (para estar segura). Mi marido y yo volvimos a la habitación del hotel donde nos alojabamos y me hice la prueba.

Tras un larguísimo periodo de dos minutos (que por alguna razón parecía mucho más largo que el periodo de dos semanas que esperé para hacerme la prueba), los dos levantamos el pañuelo para revelar los resultados de la prueba. Entonces los dos rompimos en llanto. Después de dos años de pruebas negativas, estábamos eufóricos al ver esas dos líneas azules. Después de ese día, el tiempo se alargó aún más mientras viajábamos a diferentes entrenamientos por trabajo. Me moría de ganas de visitar a mi médico y hacerme una ecografía; estaba desesperada por ver al bebé. Finalmente pudimos verla: nuestra pequeña hija bailando en la pantalla de la ecografía. Como soy madre y esto forma parte de mi deber maternal, le recuerdo regularmente a mi hija que, aunque sea tan alta como yo, siempre será mi niña.

Incluso antes de que las pruebas confirmaran que estaba embarazada de nuestra hija, ella no se ocultaba al Señor. Ella estaba siendo hecha en secreto mientras sus padres esperaban la confirmación. Soy asombrosa y maravillosamente hecha por Dios es un pensamiento tremendamente alentador. Es una cumbre demasiado alta para nosotros, un pensamiento que suena demasiado bueno para ser verdad. La soberanía de Dios sobre los detalles de nuestra vida -desde cada pensamiento que pensamos hasta cada palabra que pronunciamos- es asombrosa. El escritor de este salmo, el rey David, lo expresa así,

Tal conocimiento es demasiado maravilloso para mí; es muy elevado; no lo puedo alcanzar. (Salmo 139:6)

Y el Señor le dijo: "¿Quién ha hecho la boca del hombre? ¿O quién hace al hombre mudo o sordo, con vista o ciego? ¿No soy yo, el SEÑOR?" (Ex. 4:11).

Cuanto más aprendo sobre la forma en que Dios ha diseñado el cuerpo humano, más me asombra Dios. Así es como debe ser. Como David nos enseña implícitamente a través de este salmo, nuestros pensamientos sobre nuestro asombroso y maravilloso diseño deberían dirigir siempre nuestros corazones hacia Dios. Los bebés que se chupan los pulgares en la ecografía están diseñados para dirigir nuestros corazones a la adoración de Dios. Esos delicados remolinos en la huella dactilar de tu hijo adoptivo en los papeles del pasaporte están diseñados para dirigir tu corazón a la adoración de Dios. ¿Qué deberías esperar cuando estás esperando? Espera que Dios haya diseñado cada detalle de la vida de tu hijo para dirigirte a ti (y a ellos) a adorarle.

DEMASIADO MARAVILLOSO

Dios diseñó cada detalle de nuestras vidas para alabarle. Puedo imaginarme diversas respuestas a lo que acabo de escribir. Puede que tu corazón salte con un alegre "¡Sí, estoy de acuerdo!". O tu frente puede estar arrugada con un escéptico, "¿Um, wow?" O puede que ya estés experimentando el nebuloso (pero normal) efecto "cerebro de mamá" y no puedas recordar las palabras que tus ojos acaban de pasar. (¡No pasa nada, amiga! Puedes releer este párrafo una vez más: estás en buena compañía). "Te alabo, porque he sido creado de forma maravillosa", canta David. Vemos la obra de Dios y nos regocijamos en ella. Como Dios es perfecto y todo lo que hace es bueno, podemos escuchar esta canción una y otra vez, incluso con lágrimas. Su sabiduría es demasiado maravillosa para que la comprendamos, pero aun así lo alabamos.

Sí, podemos alabar a Dios por su asombrosa creación incluso cuando tenemos dudas. Esta alabanza es posible por la gracia mediante la fe. Hay muchas ocasiones en las que consideramos lo que Dios ha diseñado y no le alabamos por ello. Podemos estar ensimismadas, idolatrar a nuestros hijos o luchar con el temor al hombre en general. Podemos criticar abiertamente a Dios y su diseño. El momento del nacimiento, la salud del bebé, su sexo, las condiciones de nuestro embarazo... tenemos tantos deseos que queremos que se cumplan, pero el Salmo 139 nos enseña que la plenitud que buscamos sólo se encuentra en Dios. ¡Es parte de la forma en que Él nos diseñó!

SÍ, JESÚS NOS AMA

Podemos alabar a Dios todo el tiempo, incluso cuando Dios nos ha diseñado con discapacidades y ha ordenado circunstancias tan difíciles que nos hacen llorar. Cuando los discípulos de Jesús le preguntaron por qué un hombre había nacido ciego (es decir, ¿realmente Dios diseñó a este hombre así?), su respuesta se hace eco de este salmo: "Para que las obras de Dios se manifiesten en él" (Juan 9:1-3). Puede que no sea ahora, pero en algún momento de tu vida o de la de tu hijo, verás algo que Dios ha diseñado y te desanimarás por ello. Puede que Dios no te restaure a ti o a tu hijo físicamente en esta vida, pero por su gracia puede restaurarte y fortalecerte espiritualmente a través de ese dolor. Mi propio y querido esposo fue excepcionalmente atlético durante toda su juventud, pero cuando cumplió veintiocho años, a causa de un accidente físico, sus nervios cubitales dejaron de funcionar correctamente y sus dos brazos quedaron incapacitados. Vivir con esta discapacidad y el dolor crónico ha sido una tremenda prueba para nuestra familia, pero no es ajeno al bondadoso designio de Dios de satisfacernos con Él mismo al darle gloria. Cada día tenemos recordatorios prácticos de que somos débiles y de que Él es fuerte, y que sí, ¡Jesús nos ama! Esto es un tesoro mayor que los cuerpos sanos y sin dolor.

Ya que Dios es asombroso y maravilloso, todos los hechos a su imagen son asombrosos y maravillosos. Los niños son una bendición y un regalo de la mano de Dios. Ya hemos hablado de esto, pero vale la pena repetirlo ahora y todos los días: los niños son una bendición porque vienen del Señor. Independientemente del envoltorio del regalo, el regalo es precioso porque viene de Dios. Cada niño hecho en secreto por el Señor, incluso en este momento, está hecho –por su amoroso diseño–con algún tipo o grado de debilidad física, emocional, mental o de desarrollo. Algunas de estas debilidades no se manifiestan hasta más tarde en la vida. Por mucho que lo intenten con sus tecnologías genéticas, los científicos nunca podrán diseñar el "bebé perfecto". La verdad es que todos somos muy indefensos y débiles a diferencia de Dios. Dios es fuerte. La perspectiva sobre la debilidad y la fuerza que honra a Dios es la que dice: "Y aún más, yo estimo como pérdida todas las cosas en vista del incomparable valor de conocer a Cristo Jesús, mi Señor". ¿No preferiríamos ser vasos débiles que viven conscientemente por la gracia que ser especímenes superlativos que no conocen al Señor?

Hay una expresión que se refiere al tiempo antes de que una persona naciera como "antes de que fueras un brillo en los ojos de tu papá". Hemos visto en las Escrituras que Dios ha tenido a cada uno de nosotros en mente desde la eternidad pasada, habiendo escrito en su libro cada día de nuestras vidas antes de que naciéramos. Amiga, este es un pensamiento tremendamente alentador. Dios se complace en involucrarse personal e íntimamente para tejer cada vida humana individual en el vientre de su madre. Dios nos crea a su propia imagen. Dependemos totalmente de Dios en todos los sentidos, y Él tiene cada minuto de nuestras vidas en sus amorosas manos. Desde nuestra concepción hasta nuestra resurrección, cuando Jesús transforme nuestro humilde cuerpo para que sea como su cuerpo glorioso, nuestra respuesta a la exquisita obra de Dios es la adoración: actitudes plenas y gratitud expresiva.

23

NO CONFÍES EN EL NACIMIENTO, CONFÍA EN DIOS

"En su mano está la vida de todo ser viviente y el aliento de todo ser humano". **Job 12:10**

En ese momento no importaba que hubiera estudiado sobre el parto, que hubiera servido como doula o que ya hubiera dado a luz a tres hijos. Me quedé dormida en el sofá por un minuto después de acostar a nuestros hijos mayores. Con una sensación de agotamiento horrible, me arrastré por el pasillo a mis treinta y ocho semanas de embarazo. Me quité los lentes, me lavé la cara, me senté en el baño y lloré. Mi marido me motivó a llamar a la doctora para preguntarle por los medicamentos, y me respondió que fuera a verla por la mañana. "Ayúdame", grité, así que la doctora me dijo que llamara a un taxi y fuéramos al hospital. Colgué el teléfono y le dije a mi marido que llamara a una niñera y a un taxi. A los pocos minutos estaba en estado de shock, con nuestro hijo recién nacido en brazos. En lugar de un taxi, tuvimos que llamar a una ambulancia.

DIVERSIDAD EN LA BILLETERA DE LA ESPERANZA

Tenemos muchas opciones en las que depositar nuestra esperanza: expertos que son modelos de ingenio, la ilusión del progreso humano, la naturaleza y "su camino", e incluso el fatalismo. La advertencia secular sobre el parto "confía en el parto" tiene sentido si Dios no existiera. ¿En quién más podemos confiar? Como huérfanos cósmicos, nos queda confiar en los sistemas que vemos funcionar en el mundo que nos rodea.

Si nuestra visión del mundo es optimista respecto a "cómo es la vida", entonces por fe podemos confiar en que nuestros cuerpos funcionarán correctamente. Tal vez admitamos que no son perfectos, pero no nos imaginamos que estos sistemas se puedan romper en nuestro momento de necesidad. Después de todo, somos más inteligentes y más fuertes que nuestros antepasados, y tener bebés simplemente no es como solía ser... ¿verdad?

Ahora bien, si existe un "dios" benévolo en alguna parte pero está distante, entonces debemos evaluar su carácter y su competencia. Llegamos a la conclusión de que, aunque ya no esté involucrado, ese dios hizo un buen trabajo al diseñar los úteros, las caderas, la oxitocina y los cordones umbilicales. Por tanto, cualquier fallo que experimentemos en el parto se debe simplemente a nuestro conocimiento y aplicación incompletos.

Es difícil saber siempre dónde hemos puesto exactamente nuestra esperanza. Es correcto admirar la forma asombrosa en que nuestro Dios Creador ha diseñado nuestros cuerpos para llevar, dar a luz y nutrir a los bebés. Nuestra admiración por la creación debería llevarnos a adorar al Creador. Por ejemplo, si decimos que confiamos en Dios y al mismo tiempo despreciamos la gracia común de un buen tratamiento médico (un regalo de Dios), no es fe sino necedad. Tal punto de vista proviene del abominable llamado evangelio de la prosperidad, no de la sabiduría. (Para más información sobre esta peligrosa teología, por favor revisa los recursos indicados abajo.)[1] Dios nos ha dado el extraordinario privilegio de administrar su magnífica creación. Una de las maneras en que administramos la creación de Dios es en el cuidado de nuestros cuerpos y en el uso fiel de los dones que nos ha dado para hacer esa extraordinaria tarea. Evaluar en oración y cuidadosamente la atención médica disponible es una administración fiel.

---

1 Véase Sean DeMars, *"The 'Gospel' That Almost Killed Me"*, sitio web de The Gospel Coalition, 31 de marzo de 2014, https://www.thegospelcoalition.org/article/the-gospel-that-almost-killed-me/; y 9Marks Journal, *"Prosperity Gospel: Enero-Febrero 2014"*, sitio web de 9Marks, https://www.9marks.org/journal/prosperity-gospel/.

"NO TENGAS MIEDO" —JESÚS

Sí importa dónde ponemos nuestra esperanza porque Dios no está ausente ni distante de nosotras. Él no es un plan de respaldo ni un animado entrenador de partos. Dios define la realidad. Es el Dios soberano en cuya mano está la vida de todo ser vivo y el aliento de toda la humanidad.

Las olas de dolor, los diluvios de miedo y la marea de impaciencia que crece lentamente nos invitan a cambiar nuestra esperanza en Dios por la ansiedad o incluso por la ingenuidad autoinducida sobre lo que nos espera. Necesitamos ayuda para esperar en Dios, aceptar los dones de sus manos y darle las gracias que le corresponden. Cuando los pensamientos ansiosos se multiplican en nuestro interior, los dirigimos hacia Dios (Sal. 94:19). El Salvador resucitado, ascendido y exaltado dice: "No temas, Yo soy el Primero y el Último, y el que vive, y estuve muerto. Pero ahora estoy vivo por los siglos de los siglos, y tengo las llaves de la muerte y del Hades" (Ap. 1:17-18). Es este Dios en quien ponemos nuestra confianza para que nos salve de nuestro pecado y no nos deje ni nos abandone nunca. Toda nuestra confianza.

¿Quién responde a la oración? ¿El parto? No, el Señor responde a la oración.

Oh Señor, escucha mi oración,
Y llegue a Ti mi clamor.
No escondas de mí Tu rostro en el día de mi angustia;
Inclina hacia mí Tu oído;
El día en que te invoco, respóndeme pronto.(Salmo 102:1-2)

¿Quién es la roca y la fortaleza? ¿La madre que da a luz? No, es el Señor que la hizo y la ama.

«Yo te amo, Señor, fortaleza mía».
El Señor es mi roca, mi baluarte y mi libertador;
Mi Dios, mi roca en quien me refugio;
Mi escudo y el poder de mi salvación, mi altura inexpugnable.
(Salmo 18:1-2)

Como vimos en el capítulo anterior, la sabiduría de Dios se manifiesta en la forma en que diseñó nuestros cuerpos. Y como vimos en la primera mitad de este libro, nuestro pecado lo ha roto todo, incluido nuestro cuerpo. Para que no nos detengamos aquí y declaremos que, aparte de nuestro pecado, somos libres para confiar en el nacimiento, recordemos cómo Eva vivía en perfecta dependencia de Dios antes de la caída. En nuestra admiración por la forma en que Dios diseñó el cuerpo de las mujeres, no suponemos que Eva, en su cuerpo físicamente perfecto antes de la caída, hubiera confiado en su cuerpo en lugar de en su Creador. Antes de que Adán y Eva pecaran, confiaban perfectamente en Dios, en todo momento y sin reservas.

Ahora, después de la caída, en nuestra experiencia del parto nos hacemos eco del grito de alabanza de Eva al Señor cuando dio a luz fuera del jardín del Edén, en el desierto: "He adquirido varón con la ayuda del SEÑOR" (Gn. 4:1). Para que los lectores no lo entiendan mal, aunque seamos prudentes al contratar a médicos, tomar clases de parto, usar medicamentos para el dolor, contratar a un preparador de parto o emplear cualquier otro medio útil para un parto seguro y cómodo, vemos estos dones como de la mano de Dios. Alabado sea su gracia y su ayuda. Es el mismo Señor quien es nuestro refugio en la vida y en la muerte. Y ese es el pensamiento más feliz y elevado que se puede tener.

24

DIOS QUE HACE NACER

"«Antes que estuviera de parto, ella dio a luz; antes que le vinieran los dolores, dio a luz un niño. ¿Quién ha oído cosa semejante? ¿Quién ha visto tales cosas?¿Es dado a luz un país en un solo día? ¿Nace una nación toda de una vez? Pues Sión apenas estuvo de parto, dio a luz a sus hijos. Yo que hago que se abra la matriz, ¿no haré nacer?», dice el Señor. «Yo que hago nacer, ¿cerraré la matriz?», dice tu Dios". **Isaías 66:7-9**

A medida que se acerca el momento del nacimiento de un hijo, puede que estés sopesando tus opciones respecto al parto. Si vives en un contexto en el que tienes muchas opciones a tu disposición, este tema puede resultar abrumador. Ciertos recursos e intervenciones pueden considerarse *necesarios/imposibles, preferidos/evitados, disponibles/no disponibles, eficaces/ineficaces, culturalmente aceptables/tabú, seguros/peligrosos, accesibles/prohibidos, insignificantes/significativos,* etc. Es posible que en tu comunidad se produzcan controversias y opiniones divergentes en torno al parto. Nuestras culturas, creencias, experiencias personales y situación económica desempeñan un papel importante en la formación de nuestra perspectiva sobre estas cosas. Si vives en un lugar en el que las tecnologías y los recursos están fácilmente disponibles para dar comodidad y alivio del dolor a las madres que dan a luz, entonces alaba a Dios por los regalos que vienen de su mano.

Dicho esto, creo que se puede afirmar que cuando hay que pujar (juego de palabras) y una mujer dando a luz está tan agotada hasta el punto de que ella y su bebé están en peligro, hay que intervenir para salvar la vida. La sala de partos palpita con energía mientras las voces de apoyo gritan "¡Puja!" y los profesionales médicos consideran una serie de medios de intervención para ayudar a la madre y al bebé.

Es notable cómo la Escritura utiliza este escenario–cuando los niños llegan al punto de nacer y no hay fuerzas para sacarlos adelante–para describir nuestra impotencia para salvarnos y la capacidad de Dios para salvarnos.

UN TRABAJO SIN ESPERANZA

Para apreciar plenamente nuestro texto anterior de Isaías 66, tenemos que ver que Israel sabía que no podía hacerlo, que no podía salvarse a sí mismo.

> Como la mujer encinta, al acercarse el momento de dar a luz,
> Se retuerce y grita en sus dolores de parto,
> Así éramos nosotros delante de Ti, oh Señor.
> Estábamos encinta, nos retorcíamos en los dolores,
> Dimos a luz, al parecer, solo viento.
> No logramos liberación para la tierra,
> Ni nacieron[a] habitantes del mundo.. (Isa. 26:17-18)

Era lo que se decía en las calles. Todo el mundo sabía que sus esfuerzos eran inútiles. A pesar de todos sus esfuerzos, el pueblo sabía que no podía liberarse de su pecado. Más allá de las puertas de Jerusalén, el ejército asirio estaba listo para devorarlos. En el palacio, el rey sentía el peso de su situación, y tampoco podía salvarlos: "Y ellos le dijeron: Así dice Ezequías: Este día es día de angustia, de reprensión y de desprecio, pues hijos están para nacer[a], pero no hay fuerzas para dar a luz" (Isa. 37:3).

Angustia, reprimenda, desgracia. Sus obras no podían lograr la salvación, un trabajo sin esperanza. ¡Pero Dios! Él hizo una promesa. "Porque defenderé esta ciudad para salvarla por amor a Mí mismo y por amor a Mi siervo David" (Isa. 37:35). En su misericordia, Dios haría que la tribu de Judá sobreviviera para que Sión diera a luz un hijo–el Hijo--y diera hijos a luz. Yahvé cumpliría su promesa de que el Mesías que prometió vendría a través de la semilla de la mujer.

¿QUIÉN HA OÍDO HABLAR DE LA GRACIA?

"¿Gracia? ¿Es un nombre?" Dependiendo de su contexto, te sorprenderá saber que el concepto cristiano de gracia es extraño para el mundo. Muchos de mis amigos no conocen o no usan comúnmente una palabra para gracia en sus lenguas maternas. Incluso los que hemos crecido con una visión cristiana del mundo tenemos problemas con la gracia. "Seguramente hay algo que tengo que hacer", se preguntan nuestros dudosos corazones.

La obra de Dios en la salvación está más allá de cualquier intervención que la humanidad pueda concebir. La gracia de Dios que se nos ha dado en Jesucristo crucificado y resucitado será para siempre el mayor regalo de amor de la historia. No se puede ganar este amor ni pagarlo. Nuestro Dios es un Dios de gracia. "Antes de dar a luz, dio a luz; antes de que le vinieran los dolores, dio a luz un hijo". ¿Un parto prematuro? ¿Quién ha oído hablar de algo así como... la gracia?

Lo que Sión no podía hacer por sí misma, Yahvé lo haría por ella y por todos los que pusieran su confianza en él. Al igual que cuando Dios venció la esterilidad de Sara y le dio a Isaac, Dios también vencería la esterilidad de Israel. Sólo Dios haría que el Mesías saliera de la tribu de Judá. Sólo Dios es el que haría que su nación santa de cada tribu, lengua y grupo étnico fuera engendrada en un momento. Sólo Dios cumpliría su promesa a Abraham de que a través de su descendencia todo el mundo sería bendecido. Dios, y sólo Dios, tiene el control y orquesta todas las cosas; ¿acaso va a llevar al punto de nacimiento y no va a dar a luz?

NADA SE COMPARA CON LA CRUZ

A lo largo de la historia de la redención, Dios actuó a favor de su pueblo. Dio a luz a Israel, redimiéndolo de Egipto y experimentando dolor de parto en la roca de Meribá (Ex. 17:1-7; Dt. 32:18). Prometió una obra de nueva creación aún mayor a través del Siervo, experimentando de nuevo el dolor del nacimiento (Isa. 42:14).

Todo esto apunta a la cruz. Jesús dio voluntariamente su vida como nuestro sustituto: se hizo pecado por nosotros y cargó con la ira de Dios. ¿Cuál es el resultado de su labor, sin precedentes e incomparablemente fructífera? Dios ha logrado nada menos que el nacimiento de una nueva humanidad a través del juicio soportado por su Siervo en la cruz. Una nueva humanidad nacida sin trabajo biológico: nuestra adopción espiritual. Tú y yo podemos ser hijos adoptivos de Yahvé gracias a la cruz. Es la intervención de todas las intervenciones. ¿Te gusta escuchar historias de partos? Pues bien, hablemos de un parto que no tiene comparación con ninguno que haya visto u oído... ¡nunca!

No nacemos biológicamente en la familia de Dios; somos adoptados espiritualmente, hechos por el propio Yahvé y nacidos de nuevo sin dolor de parto. "Grita de júbilo, oh estéril, la que no ha dado a luz; prorrumpe en gritos de júbilo y clama en alta voz, la que no ha estado de parto; porque son más los hijos de la desolada que los hijos de la casada, dice el Señor" (Isa. 54:1). Jesús logró para Israel lo que no podía hacer por sí mismo. La maldición del dolor de parto se invierte a través de la cruz, donde Jesús logra la salvación y engendra hijos del nuevo pacto que superan con creces a los hijos biológicos del Israel étnico.

ACUDE A MÍ Y SÁLVATE

Algunos han argumentado: "Jesús no pudo haber revertido la maldición porque todavía hay dolor de nacimiento". Pero Jesús declaró: "Jesús le contestó: Yo soy la resurrección y la vida; el que cree en Mí, aunque muera, vivirá" (Juan 11:25). En todo el mundo las madres sufren dolores de parto, pero para las que creen en Jesús, aunque sus dolores de parto les lleven a la muerte, serán resucitadas a la vida eterna. Otros han argumentado que nuestro texto en Isaías 66 es una promesa de "nómbralo y reclámalo" de que tu próximo parto será sin dolor si tienes fe. Esa es una interpretación muy errónea del texto, como se puede ver en la teología bíblica del dolor del parto. No esperamos un parto sin dolor, pero sí esperamos gracia sobre gracia en nuestro doloroso parto. La Biblia no dice que en tu vida no haya "tribulación, o angustia, o persecución, o hambre, o desnudez, o peligro, o espada" (Rom. 8:31-35). Puede ser que una de esas cosas terribles te separe eventualmente de la comodidad terrenal o de la vida terrenal, pero nada te separará nunca, jamás, del amor de Cristo.

Por lo tanto, en todas las ocasiones, y no sólo en nuestro parto, encontramos esperanza y consuelo sólo en Cristo. Como siempre, descansa y gloríate en el poder de Dios cuando se acerque el momento que Dios designó para el parto o para el regreso a casa de tu hijo. Y a mis amigas que sienten que están lejos de Dios, ¿podrían considerar hoy la maravillosa gracia de Dios? El que llevó el juicio por vuestro pecado os dice: "Vuélvanse a mí y sean salvos, todos los términos de la tierra; porque Yo soy Dios, y no hay ningún otro" (Isa. 45:22).

Esta gracia está disponible para todos. Yahvé anuncia su buena noticia para todos los pueblos: "Mi Siervo, justificará a muchos, y cargará las iniquidades de ellos" (Is. 53:11). La salvación por la gracia mediante la fe es una intervención que va más allá del estatus socioeconómico, las preferencias culturales y las personalidades. Dios, rico en misericordia, por el gran amor con que nos amó, aun cuando estábamos muertos en nuestros delitos, nos dio vida junto con Cristo: por gracia hemos sido salvados.

25

DEL DOLOR INEVITABLE A LA ALEGRÍA GARANTIZADA

"En verdad les digo, que llorarán y se lamentarán, pero el mundo se alegrará; ustedes estarán tristes, pero su tristeza se convertirá en alegría. Cuando la mujer está para dar a luz, tiene aflicción, porque ha llegado su hora; pero cuando da a luz al niño, ya no se acuerda de la angustia, por la alegría de que un niño haya nacido en el mundo. Por tanto, ahora ustedes tienen también aflicción; pero Yo los veré otra vez, y su corazón se alegrará, y nadie les quitará su gozo".
Juan 16:20-22

Layla tiene veinte semanas de embarazo y aún le quedan varios meses de espera. Mientras tanto, está experimentando lo que sus médicos consideran un embarazo normal y saludable. "Todo va bien", le aseguran y sin embargo, mi amiga vive con un miedo persistente a que algo... cualquier cosa que pueda salir mal en cualquier momento. Siente las patadas del bebé, oye historias, ve vídeos y lee artículos, y luego construye en su mente escenarios imaginarios que persiguen sus sueños y le roban la alegría. Las conversaciones con Layla siempre giran en torno a su miedo al "¿y si?".

"No puedo ser feliz hasta que no sepa con seguridad que todo va a ir bien", dice. Mi amiga se esfuerza por ver cómo la angustia que experimenta puede dar paso a la alegría.

¿Te sientes identificada? Yo sí. Todas nosotras, como mi amiga Layla, necesitamos seguridad. Necesitamos una esperanza real. Vivimos en un mundo en el que "no sabemos qué nos deparará el mañana". Vivimos con recordatorios implacables que nos enseñan a preguntarnos: "ustedes no saben cómo será su vida mañana. Solo son un vapor que aparece por un poco de tiempo y luego se desvanece". (Santiago 4:14). Entonces, ¿qué debemos hacer? ¿Dejar que el miedo al "qué pasaría si…" se convierta en nuestro dios y hacer sacrificios por él? ¿Inclinarnos ante nuestros miedos racionales, entregar nuestra alegría y vivir según lo que nos dicten nuestros miedos?

NUEVE MESES ES UNA NIEBLA

Es fascinante que Jesús dijera a sus discípulos (un grupo de hombres que no experimentaban personalmente la angustia de saber que había llegado su hora de dar a luz) que vieran esta escena tangible, íntima e intensa de una madre que da a luz como una ilustración de su dolor actual y de su alegría garantizada. La ilustración que ofrece Jesús es clara: la madre olvida su angustia porque tiene en sus brazos a su bebé, que ha merecido con creces la espera y el sufrimiento que ha supuesto traerlo a este mundo. Que tú o yo (o cualquier discípulo de Jesús) experimentemos alguna vez el dolor del parto no es la cuestión. Que tú o yo suframos para traer niños a este mundo tampoco es la cuestión. Jesús tampoco minimiza el dolor del parto, sino que destaca la incomparable alegría que supone el resultado. Frente a todos los temores que inducen a la tristeza, nuestro corazón tiene la seguridad de que Cristo ha vencido a la muerte y ha garantizado nuestra alegría eterna. Nuestra angustia dará paso a la alegría porque Jesús se ha adelantado a nosotros y ha vencido a la muerte.

¿Qué haces cuando todos tus temores imaginarios de "¿qué pasaría si…?"… y cualquier temor real, presentado… te quitan el aliento? Cuando temblamos en nuestras camas despiertas por la noche, damos gracias a Dios por la oportunidad de contar nuestros días y temerle. Llevamos cautivo todo pensamiento a la obediencia de Cristo (2 Cor. 10:5), y llenamos nuestra mente con todo lo que es verdadero, digno, puro, amable, honorable, que tenga alguna virtud o algo que merezca elogio (Fil. 4:8). Nos arrepentimos de todas las formas en que exigimos tener el control del universo, y descansamos en el cuidado de nuestro Padre celestial.

Recordamos lo que Jesús dijo a sus discípulos la noche en que fue traicionado, justo antes de ser llevado por una cohorte de soldados:

"Me volverán a ver". Esta promesa seguía siendo válida mientras Jesús era juzgado en un tribunal de excepción tras otro y condenado a muerte. "Volverán a verme". Mientras colgaba de la cruz, crucificado por nuestro pecado para satisfacer la ira de Dios, seguía siendo verdad. "Volverán a verme". Su cuerpo, envuelto en pañales y depositado en un pesebre al nacer, fue envuelto en ropa de tumba y depositado en un sepulcro prestado al morir. Incluso entonces, "volverán a verme". Un grupo de mujeres fueron juntas a verlo de nuevo en su tumba, pero fueron con especias para el entierro. Seguían llorando y lamentándose. Pero en lugar de trabajar para preparar el cuerpo muerto del Señor Jesús para su entierro, se encontraron con el Salvador resucitado cuya obra terminada en la cruz las hizo parte de su nueva creación. Sus discípulos lo volvieron a ver, junto con otros cientos de testigos presenciales. El resto de nosotros, durante dos milenios, también lo hemos visto. Vemos a Jesús a través de la obra de su Espíritu en las vidas de los santos que se han unido a la nube de testigos antes que nosotros y en las vidas de los creyentes que trabajan con esperanza entre nosotros.

Amiga, si tu tiempo de espera se siente como una eternidad o se siente como el terror, si se siente como si estuvieras en una silla mecedora gastando toda esta energía para no ir a ninguna parte, pon tu esperanza en Cristo. Ya sea que tu ansiedad crezca al ver crecer tu vientre o que veas crecer las complicaciones del proceso de adopción, Cristo está dispuesto y es capaz de darte su paz.

LA FRAGANCIA DE NUESTRA EXPECTATIVA

Mientras esperamos, también damos gracias a Dios de que Cristo siempre nos lleva en procesión triunfal así como un general conquistador conduce a sus soldados en el desfile de la victoria. (¡Qué bueno que la armadura espiritual de Dios [Ef. 6:10-20] se ajusta sobre el elástico de la maternidad!)

Dondequiera que Dios nos envíe, la fragancia del conocimiento de Cristo recorre el mundo. Es un olor muy diferente según quien sea. Tu trabajo con esperanza en un mundo de dolor huele a muerte para una persona, pero a vida para otra. El trabajo de Dios no es como el nuestro; nuestro trabajo es como el de Dios. Dios trabaja en ti cuando haces sacrificios para criar a los hijos que te da, y trabaja en las personas que te rodean cuando huelen el aroma de Cristo en tu presencia.

Los seguidores de Cristo tienen dolor mientras el mundo se deleita en su rechazo al Salvador. Sus temores son temporales y nebulosos cuando se comparan con el juicio eterno de Dios por el pecado. Cuando le pregunté a mi amiga Azar si tenía miedo de hablar de Jesús con su familia (que podría entregarla legalmente para que la encarcelaran por ser cristiana), me dijo: "Me han rescatado de lo peor que me podía pasar cuando estaba alejada de Jesús. ¿Qué pueden hacerme que sea peor que eso?". Layla necesita saber y tú y yo necesitamos saber que no hay miedo terrenal–real o imaginario–que sea peor que perecer separados de Jesús y necesitamos conocer la verdad correspondiente de que no hay alegría que podamos tener ahora mismo–real o imaginada–que pueda superar la alegría de conocer a Jesús en esta vida y el poder de su resurrección.

Hemos visto en las Escrituras que la fecundidad, el embarazo, el nacimiento y el dolor de parto son indicadores de Aquel para quien fuimos hechos y por quien todas las cosas existen. En todas estas cosas no nos miramos a nosotras mismas, sino sólo a Cristo. La Biblia nos enseña a entender nuestra maternidad y nuestro dolor en relación con el estruendo escatológico de esta época que culminará en la nueva creación. Una madre olvida la angustia que le costó traer al bebé a casa o darlo a luz porque tiene en sus brazos a su hijo, su alegría. La esperanza expectante que tenemos es que nuestra gloria de resurrección superará con creces cualquier pena que experimentemos al seguir a Cristo. A través de nuestras labores maternas, Dios nos está enseñando a glorificarlo en todas las cosas y a unirnos al ensordecedor y estruendoso aplauso del cielo cuando los santos se postren ante el Cordero, quien merece toda la gloria, el poder, el dominio y la autoridad.

Sigue adelante, hermana mientras sigues a Jesús en todas las labores maternales que te esperan. ¿Quién es suficiente para estas cosas? Cristo lo es, y se acerca rápidamente el día en que no esperaremos más el regreso de Jesús. La angustia se olvidará cuando nuestra fe se convierta en vista. Sabemos con certeza que todo va a estar mucho más que bien. Lo volveremos a ver. Mientras tanto, nadie podrá quitarnos la alegría. Nunca.

Porque de *él*, por *él* y para *él* son todas las cosas. A él sea la *gloria* por siempre. Amén.

Romanos 11:36

Otras publicaciones

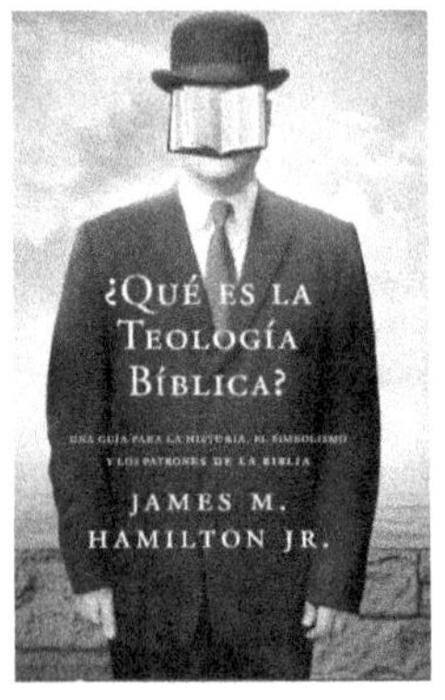

¿Qué es la Teología Bíblica?
James M. Hamilton Jr.

En ¿Qué es la teología bíblica?, Jim Hamilton nos introduce a esta narración, ayudándonos a entender la visión del mundo de los escritores bíblicos para que podamos leer el Antiguo y el Nuevo Testamento como esos autores pretendían.

Principios de Conducta
John Murray

En este libro, Murray señala al lector una y otra vez a toda la Escritura como la autoridad básica en asuntos de conducta cristiana.

Teología Bíblica en la vida de la Iglesia
Michael Lawrence

Este libro distingue entre el poder de la narración en la teología bíblica y el poder de la aplicación en la teología sistemática, pero también hace hincapié en la importancia de su colaboración en el ministerio.

Otras publicaciones

La Gloria de Dios en la salvación a través del Juicio [Vol. 1]

James M. Hamilton Jr.

Hamilton se mueve a través de la Biblia libro por libro, mostrando que hay un centro teológico para toda la Biblia. El método sistemático y el alcance del volumen lo convierten en un recurso único para pastores, profesores y estudiantes.

El Templo y la Misión de la Iglesia

G. K. Beale

Esta estimulante exposición traza el tema del tabernáculo y el templo a lo largo de la historia de la Biblia, iluminando también muchos textos y temas estrechamente relacionados.

Predicando a Cristo desde Génesis

Sidney Greidanus

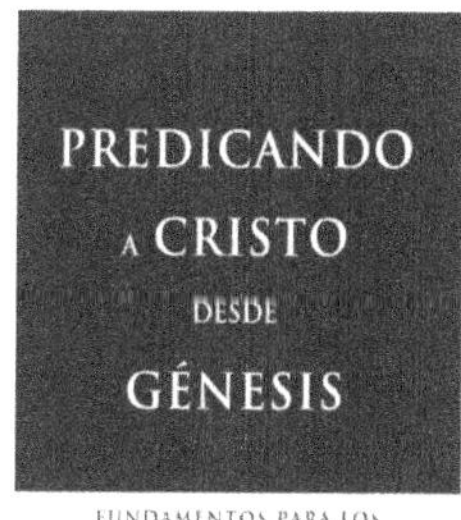

Predicando a Cristo desde Génesis ofrece más de la sólida y práctica homilética de Greidanus. Incluye útiles apéndices como: "Diez pasos del texto al sermón", "Una modelo de sermón expositivo" y tres de los sermones propios del autor desde Génesis - este volumen será un recurso invaluable para predicadores y maestros de la Biblia.

Otras publicaciones

El Carácter del Cristiano
Tim Challies

En este libro Challies explora la Biblia a fin de considerar cómo podemos ser mejores ejemplos de las más altas virtudes cristianas. Al considerar el carácter del cristiano, nos estimularemos unos a otros al amor, a las buenas obras y a la semejanza de Cristo.

Sé Ejemplo
Tim Challies

Hay muchas formas de invertir tu tiempo en esta etapa de tu vida, pero la Biblia me ha convencido de que ninguna es mejor que la búsqueda de la piedad.

Este libro te impulsará a dar un ejemplo de madurez y piedad en tu forma de hablar, tu conducta, amor, fe y pureza.

Envejecer con Gracia
Tim Challies

Para envejecer con gracia debemos envejecer en Cristo y para Cristo. ¿Qué significa envejecer con gracia? ¿Qué debemos hacer ahora para asegurarnos de terminar esta carrera con fuerza? Estas son preguntas para todos los cristianos, jóvenes y adultos. Afortunadamente, la Biblia habla claramente sobre cómo envejecer y cómo envejecer bien

Otras publicaciones

El Reino de Dios: el bien supremo
Herman Bavinck

En un sentido amplio, podemos decir que Dios es el bien supremo para todas las criaturas. Porque Dios es el Creador y sustentador de todas las cosas, la fuente de todo ser y vida, la fuente abundante de todo bien.

Este libro nos permitirá ver que el mayor bien del hombre es Dios, y solo Dios.

El Cristiano frente al Odio del Mundo
Ps. Julio César Benitez

Este libro relata una exposición concisa de los capítulos 16 y 17 del libro de Juan, allí el autor expone como el cristiano es odiado por mundo y cuál debe ser la respuesta que debe dar.

Únete a la Iglesia
Ps. Luis David Marín

Este libro provee un proceso de membresía que es profundo, conciso y significativo para ser usado en la iglesia local en un período de estudio de cuatro semanas.

Aquí encontrarás lecciones y asignaciones teológicamente ricas que proporcionan una base bíblica firme para formar miembros saludables.

Síguenos en redes sociales
como **@montealtoes**

Puedes adquirir nuestros libros en:
www.montealtoeditorial.com